KB056005

플라톤의 대화편

파이돈

일러두기

1. 원전에 충실하면서도 독자들이 이해하고 읽기 편하게 최대한 쉬운 말로 번역하고자 했다.
2. 본문 바깥에 표시된 아라비아숫자와 로마자는 '스테파누스Stephanus 표기'에 따른 것이다. 르네상스 시대의 프랑스 출판업자 앙리 에스티엔Henri Estienne(라틴어 이름 스테파누스)은 1578년에 제네바에서 프랑스 역사가 장 드 세르Jean de Serres(라틴어 이름 요안네스 세라누스Joannes Serranus)가 번역한 플라톤 전집을 세 권으로 편집하여 발행했다. 이 판의 특색은 각 쪽이 두 개의 세로 단으로 나뉘어 왼쪽 단에는 그리스어로 된 텍스트를, 오른쪽 단에는 라틴어로 된 텍스트를 두면서 그 사이에 세로 단을 다섯 단락으로 나누어 'a'부터 'e'까지 로마자를 써놓은 것이다. 플라톤 저서의 인용은 스테파누스 판에 들어간 쪽수Stephanus number(아라비아숫자로 표기)와 판본의 단락(로마자로 표기)을 함께 적어 사용한다. 《파이돈》은 스테파누스 판본의 1권 57a~118a에 수록되어 있다.
3. 표기는 한글맞춤법과 외래어표기법을 따랐고, 인명과 지명은 고대 그리스어 발음에 충실하게 표기했다. 가령 외래어표기법상 '*Αθηναι*'는 관용에 따라 '아테네'로 표기하지만, 고대 그리스어 발음인 '아테나이Athēnai'로 표기했다.
4. 본문 설명에 필요한 각주와 작품 해제는 번역자가 덧붙였다.

플라톤의
대화편

Φαίδων

파이돈

마리 교양

플라톤 | 오유석 옮김

마리북스

차 례

에케크라테스Echekratēs

이 대화편의 대담자. 플레이우스 출신이다. 에케크라테스를 철학사가 디오게네스 라에르티오스는 퓌타고라스주의자로, 아리스토크세노스는 최후의 퓌타고라스주의자 중 하나로 꼽는다. 하지만 에케크라테스가 어떤 사람이었고 소크라테스와 어떤 관계였는지는 구체적으로 알려진 바가 없다.

파이돈Phaidōn

이 대화편의 대담자. 본래 펠로폰네소스반도에 있는 엘리스 출신이었으나 스파르타와 엘리스 사이의 전쟁 때(기원전 401년경) 포로가 되어 (아마도 남창 노예로) 아테나이에 팔려 왔다. 디오게네스 라에르티오스에 따르면, 파이돈은 소크라테스 자신 또는 소크라테스의 지인(알키비아데스? 크리톤? 케베스?)이 도와주어 노예 신분에서 해방되었다. 특히 파이돈은 케베스와 친분이 깊었다고 한다. 파이돈은 소크라테스가 죽을 때 곁을 지켰으며, 소크라테스가 죽은 후에는 고향 엘리스로 돌아가서 학교를 세웠다. 이 학교는 나중에 메네데모스와 아스클레피아데스가 에레트리아로 이전했는데, 키케로는 에레트리아 학파를 메가라 학파와 동일시한다. 파이돈은 대화편을 저술했지만 현존하지 않으며, 그의 이론에 관해서도 알려진 것이 거의 없다.

심미아스Simmias와 케베스Kebēs

대담 속 등장인물들. 테바이 출신으로 친한 친구 사이이다.《크리톤》45b에 따르면, 이들은 소크라테스를 감옥에서 탈출시키기 위해 돈을 지불했다. 퓌타고라스 철학자 필롤라오스가 테바이에 있을 때는 함께 지냈다(《파이돈》61d). 하지만 이들이 필롤라오스와 함께 지냈다고 해서 반드시 퓌타고라스 철학을 신봉했다고 단정할 수는 없다. 오히려 크세노폰은 이들을 소크라테스의 핵심 추종자 중 하나로 기술한다. 아마도 심미아스와 케베스도 파이돈처럼 소크라테스의 동료였고 철학 문답에 여러 차례 참여했던 듯하다. 이들은 지적 호기심이 많은 대화 상대자이며, 소크라테스의 견해에 대체로 동조하지만 맹목적으로 동의하지는 않는다.

플라톤의 대화편

파이돈

—

Φαίδων

소크라테스의 죽음

프랑스 화가 자크루이 다비드가 그린 유화다(1787). 소크라테스는 그림 중앙에 흰 외투를 걸치고 침대에 앉아 있다. 그는 한 손으로는 독배를 들려 하고, 다른 손으로는 하늘을 가리키면서 동료들을 가르치고 있다. 주변에 있는 동료들은 소크라테스의 죽음을 슬퍼하고 괴로워하지만, 소크라테스 자신은 평온해 보인다.

소크라테스 왼쪽의 청년은 소크라테스에게 독배를 건네면서 손으로 얼굴을 가린 채 고개를 반대 방향으로 돌리고 있다. 또 소크라테스의 발치에 앉아 있는 나이 든 사람(플라톤)은 고개를 숙인 채 침통해하고 있다. 그 뒤쪽으로 멀리서 계단을 오르는 크산티페는 남편을 애처로이 바라보면서 떠나고 있다. 한편, 소크라테스의 오른쪽에 앉은 크리톤은 소크라테스의 무릎을 꽉 쥔 채 그의 말을 주의 깊게 듣고 있다.

다비드는 그림 두 곳(플라톤 아래와 크리톤 아래)에 서명을 했다. 플라톤 아래에 쓴 이니셜(I. D.)은 소크라테스의 최후를 기록한 플라톤에게 감사 표시를 한 것이다. 크리톤 아래에 쓴 서명(I. David)은 다비드가 자신을 크리톤과 흡사한 사람으로 여기고 있음을 보여준다. 자신이야말로 소크라테스가 보여준 도덕적 가치를 붙드는 사람이라는 것이다.

(미국 메트로폴리탄미술관 소장)

에케크라테스[1] 오, 파이돈이여! 소크라테스가 감옥에서 약[2]을 마시던 날, 당신도 그분과 함께 있었나요? 아니면 그 소식을 다른 사람에게서 전해 들었나요? 57a

파이돈[3] 오, 에케크라테스여! 저도 거기 있었습니다.

에케크라테스 그분께서 죽기 전에 무슨 말씀을 하셨나요? 또 그분은 어떻게 최후를 맞이하셨나요? 저는 그 이야기를 기꺼이 듣고 싶습니다. 근래에는 플레이우스 시민이 아테나이를 방문하는 일이 거의 없었습니다. 그런데다 그분이 약을 마시고 57b 죽었다는 소식 외에, 우리에게 그 일을 소상히 전해줄 타지 사람도 방문한 지 오래되었지요. 그래서 [소크라테스가 사망했다는 사실 외에] 다른 소식은 전혀 듣지 못했습니다.

파이돈 그러면 재판이 어떻게 진행되었는지도 듣지 못하셨나요? 58a

에케크라테스 재판 결과는 누군가 우리에게 이야기해주었습니다. 그런데 우리는 판결이 내려지고 한참 후에야 그분이 죽었다

1 플레이우스(또는 플리우스) 출신으로 퓌타고라스 공동체의 일원이었다.

2 'to pharmakon'은 본래 '약'이라는 의미로 사용되는 단어다. 64a-69e에서 소크라테스는 죽음이 결코 나쁜 것이 아니며 현재의 상태보다 나은 것이라고 주장한다. 이는 소크라테스가 마신 독배가 사실은 영혼을 치유하는 약일 수도 있음을 나타낸다.

3 엘리스 출신으로 소크라테스의 제자였으며, 훗날 자신의 학교를 세우고 대화편도 저술했다.

테세우스의 행적을 묘사한 술잔

술잔 중앙에 미노타우로스를 죽인 테세우스의 모습이 그려져 있다. 기원전 440~430년경.

(영국 대영박물관 소장)

는 사실에 정말 의아했습니다.[4] 왜 그렇게 된 건가요, 오, 파이돈이여!

파이돈 오, 에케크라테스여! 그건 우연이었습니다. 그분의 재판 전날, 아테나이 사람들이 델로스섬에 보내는 배의 고물을 화환으로 장식했기 때문입니다.

에케크라테스 그게 무슨 배인데요?

파이돈 아테나이 사람들이 말하길, 일전에 테세우스가 남녀 일곱 쌍을 데리고 크레타로 떠나면서 탔던 배라고 합니다. 테 58b
세우스는 이들의 목숨을 구했고 자신도 살렸지요. 전설에 따르면, 그때 그들은 자신들이 살아남는다면 그 보답으로 매년 델로스에 사절단을 보내겠노라고 아폴론 신에게 서원했습니다. 그때 이래로 지금까지 아테나이 사람들은 해마다 아폴론 신에게 사절단을 보내고 있답니다. 사절단을 파견하는 동안에는 폴리스가 정결해야 하며, 배가 델로스에 갔다가 다시 귀환할 때까지 어느 누구도 사형시킬 수 없다는 것을 법으로 정해놓았습니다.

그런데 오가는 길에 바람을 만나면 배의 귀환이 종종 늦어

4 크세노폰의 《소크라테스 회상》 4.8.2에 따르면, 소크라테스의 사형은 사형 판결이 내려지고 30일이 지나서야 집행되었다.

58c 집니다. 아폴론의 사제가 배의 고물에 화환을 걸면 사절단이 출발하는데, 이미 말씀드린 것처럼 공교롭게도 소크라테스의 재판 전날 이런 일이 벌어졌습니다. 그래서 그분은 재판 이후 죽기까지 감옥에서 오랜 시간을 머물러야 했습니다.

에케크라테스 오, 파이돈이여! 그분이 죽을 때 대체 무슨 일이 있었나요? 그분이 무슨 말씀을 했고, 어떤 일을 행했나요? 그리고 어떤 친구들이 그분 곁에 있었나요? 아니면 친구들이 그분 곁에 있는 것을 감옥 관리들이 허용하지 않았나요? 그래서 그분이 사랑하는 이들 없이 외로이 최후를 맞이했나요?

58d **파이돈** 아닙니다. 동료들이 함께 있었습니다. 사실 많은 친구들이 함께했습니다.

에케크라테스 그때 있었던 일을 최대한 자세히 우리에게 전해주세요. 바쁜 일이 없다면 말입니다.

파이돈 지금 바쁜 일이 없으니 자초지종을 말씀드리겠습니다. 그분을 회상하는 일은 그 무엇보다 큰 즐거움이니까요. 제 자신이 직접 말하든, 아니면 다른 누군가에게서 듣든 말입니다.

에케크라테스 오, 파이돈이여! 청중도 그렇답니다. 그러니까 할 수 있는 한 소상히 말씀해주세요.

58e **파이돈** 물론입니다. 저는 그분과 함께 있으면서 실로 놀라운 경험

을 했습니다. 친한 사람의 죽음에 함께하면서도 연민이 느껴지지 않았으니까요. 오, 에케크라테스여! 그분은 행동할 때도 말할 때도 행복해 보였습니다. 두려움 없이 고결하게 최후를 맞이했지요. 그래서 저는 그분이 저세상에 가면서도 신의 가호와 함께한다고 느꼈고, 거기에 이르러서도 잘 지낼 것이라
고 생각했습니다. 만약 다른 누군가가 저세상에서 잘 지낼 수 59a
있다면 말입니다.

이런 이유로 불행한 광경에 맞닥뜨린 사람들이 흔히 풍기는 연민의 느낌이 전혀 없었습니다. 또 평상시에 철학—그날의 대화는 철학적 대화였으니까요—을 하면서 맛보곤 하던 즐거움도 느끼지 못했습니다. 오히려 저는 그분이 곧 최후를 맞이할 거라고 생각하면서 매우 기이한 경험을 했습니다. 즐거움과 고통이 한데 뒤섞인 익숙지 않은 혼합 말이지요. 그 자리에 있던 모든 사람이 그런 상태였답니다. 때로는 웃고 때로는 눈물을 흘리는 상태 말입니다. 우리 가운데 한 사람, 아
폴로도로스[5]가 유별나게 그러했습니다. 당신도 그 사람과 그 59b
의 행동거지를 알고 계시겠지요.

5 소크라테스의 열렬한 추종자였으며, 《파이돈》 117d에서는 소크라테스가 독배를 마실 때 대성통곡하는 감정적 인물로 묘사된다. 《향연》에서는 화자로 등장한다.

에케크라테스 물론입니다.

파이돈 그는 완전히 통제 불가능한 상태였습니다. 저 자신도 동요되었고 다른 이들도 마찬가지였습니다.

에케크라테스 그 자리에 누가 있었나요?

파이돈 아테나이 본토박이 중에는 지금 말씀드린 아폴로도로스가 있었고, 크리토불로스[6]와 그의 아버지[7], 그리고 헤르모게네스, 에피게네스[8], 아이스키네스,[9] 안티스테네스[10]가 있었습니다. 파이아니아 데모스 출신 크테시포스도 있었고, 메넥세노스와 다른 아테나이 본토박이들도 있었습니다. 하지만 제 생각에 플라톤은 아팠던 것 같습니다.[11]

에케크라테스 외지인들도 거기 있었습니까?

59c **파이돈** 예. 테바이 사람 심미아스가 케베스, 파이돈데스와 함께

6 크리톤의 아들이며, 크리톤과 함께 소크라테스의 재판에 참석했다(《소크라테스의 변론》 33d-e).

7 소크라테스의 막역한 친구이자 동료인 크리톤을 말한다.

8 에피게네스도 소크라테스의 재판에 참석했다.

9 아이스키네스도 소크라테스의 재판에 참석했으며, 그는 소크라테스를 주인공으로 하는 여러 편의 대화편을 썼다고 한다.

10 견유파의 창시자다.

11 플라톤은 그의 대화편에 세 번밖에 등장하지 않는다. 이 구절 외에 《소크라테스의 변론》 34a, 38b에서 소크라테스의 재판에 참석한 사람으로 언급된다.

왔고, 메가라에서는 에우클레이데스[12]와 테릅시온이 왔습니다.

에케크라테스 아리스티포스[13]와 클레옴브로토스는요? 그들도 거기 있었나요?

파이돈 아닙니다. 그들은 아이기나에 있었다고 합니다.

에케크라테스 그 밖에 다른 분들도 거기 있었나요?

파이돈 제 생각에는 대략 지금까지 말한 분들이 전부인 듯합니다.

에케크라테스 거기서 어떤 대화가 오갔는지 말씀해주시겠습니까?

파이돈 그 모든 것을 처음부터 상세히 말씀드리겠습니다. 아시다 59d
시피 저와 다른 사람들은 사형이 집행되기 전에도 매일같이 소크라테스를 면회했습니다. 우리는 새벽에 재판이 열리는 법정에 모이곤 했지요. 그곳이 감옥에서 가까웠으니까요. 그리고 감옥 문이 개방될 때까지 함께 시간을 보냈습니다. 감옥 문이 아침 일찍 개방되지는 않았으니까요. 감옥 문이 열리면 우리는 소크라테스를 보러 갔고 하루 대부분을 그와

12 메가라 학파의 창시자다. 소크라테스가 사형당한 후 플라톤을 비롯한 소크라테스의 제자 몇이 메가라에 머물렀다고 알려져 있으며, 메가라 학파는 훗날 스토아 철학에 많은 영향을 주었다.

13 퀴레네 학파의 창시자로 알려져 있다.

함께 보내곤 했습니다. 그런데 그날은 평상시보다 더 일찍
59e 모였습니다. 전날 저녁에 감옥을 나설 때, 델로스에서 배가
도착했다는 소식을 들었기 때문입니다. 그래서 우리는 평소
모이던 곳으로 되도록 일찍 오라고 서로에게 소식을 전했습
니다.

우리가 모였을 때, 감옥 문지기가 나와서 여느 때와 달리
자신이 지시할 때까지 들어오지 말고 기다리라고 말했습니
다. 그는 이렇게 이유를 설명했습니다. "11인[14]이 소크라테스
의 결박을 풀고 오늘 사형을 집행하라고 지시했습니다." 얼마
지나지 않아 문지기가 되돌아와서 우리에게 들어오라고 말
60a 했습니다. 우리는 안으로 들어갔고, 이제 막 결박에서 풀려난
소크라테스, 그리고 크산티페를 만났습니다. 물론 당신도 그
녀를 아시겠지요? 그녀는 아이를 안고 그분의 곁에 앉아 있
었습니다. 우리를 보자 크산티페는 울음을 터뜨리며 여인이
할 법한 말을 했습니다. "오, 소크라테스여! 이제 당신과 친구
들이 서로 말을 건네는 것도 마지막이네요." 그러자 소크라테
스가 크리톤을 쳐다보면서 말했습니다. "오, 크리톤이여! 누

14 아테나이 법정에서 결정된 판결을 집행하는 관리자들로, 추첨으로 선발했다.

가 이 사람을 집에 데려다주게."

크리톤의 집안사람 몇이 가슴을 치며 소리 내어 슬피 우는 60b
크산티페를 데리고 나갔습니다. 그사이 소크라테스는 침상에
올라앉아 다리를 접고서 손으로 세게 문질렀습니다. 그러면
서 이렇게 말했습니다.

"오, 사람들이여! 쾌락이라는 것은 참으로 기이해 보입니다. 쾌락과 반대된다고 생각되는 것, 즉 고통과 놀라우리만큼 연관되어 있으니까요. 쾌락과 고통은 한 사람에게 동시에 생겨나길 원치 않는 듯합니다. 하지만 누군가 둘 중 하나를 좇아 그것을 취하면, 거의 모든 경우에 다른 하나도 얻게 됩니다. 마치 둘이 하나의 머리에 결합된 것처럼 말이지요.

그래서 제가 생각하기에, 아이소포스[15]가 이를 숙고했더 60c
라면 다음과 같은 우화를 지었을 것 같습니다. 즉, 서로 싸우
던 쾌락과 고통을 신께서 화해시키려고 했으나 그게 불가능
했다. 그러자 그것들의 머리를 한데 묶어버렸고, 이런 이유로
둘 중 하나가 누군가에게 생겨나면 나머지 하나도 잠시 후
뒤따른다는 이야기로 말입니다. 이런 일이 지금 저에게도 일
어나는 것 같습니다. 족쇄 때문에 다리에 고통이 있었기에 뒤

15 고대 그리스의 유명한 우화 작가로 이솝이라고도 한다.

따라 쾌락이 생겨나는 것처럼 보이니까요."

이때 케베스가 끼어들었습니다. "제우스께 맹세컨대, 오,
60d 소크라테스여! 저에게 상기시켜주셔서 참으로 기쁩니다. 실은 몇몇 사람들이 당신께서 창작한 시에 관해 저에게 질문했거든요. 아이소포스의 이야기를 당신께서 운문으로 만든 시가와 아폴론에 대한 찬가 서언 말입니다. 일전에 에우에노스[16]는 도대체 무슨 생각으로 당신께서 이곳에 온 후 시를 지으셨는지 물었습니다. 전에는 전혀 그런 일을 하지 않으셨으니까요. 다음번에 에우에노스가 다시 질문하면—그가 다시 물으리라는 걸 아니까 드리는 말씀입니다만—제가 뭐라고 답해야 할지 말씀해주세요. 제가 답할 수 있길 원하신다면 말입니다."

그러자 소크라테스가 답했습니다. "오, 케베스여! 그에게 진실을 말씀해주세요. 저는 단연코 그분이나 그분의 시와 겨
60e 루기 위해 시를 지은 것이 아니라고 말입니다. 그건 쉽지 않다는 것을 아니까요. 저는 제 꿈이 무엇을 이야기하는지 따져보면서 신성한 소임을 다하고 있었습니다. 제 꿈이 정말로 저

16 파로스 출신으로 소크라테스 재판 당시에 아테나이를 방문 중이었다. 그는 소피스테스였고 탁월함의 교사였으며 시인이었다. 《소크라테스의 변론》 20b에도 등장한다.

에게 그런 시가를 짓도록 명했는지 말입니다. 그 꿈은 다음과 같았습니다. 같은 꿈이 저의 과거 삶 중간중간 때로는 이런 모습으로, 때로는 다른 모습으로 나타나 똑같은 말을 했습니다. '오, 소크라테스여! 시가를 지으세요.' 이전에는 제가 하고
있던 일을 북돋우는 꿈이라고 여겼습니다. 마치 달리기 선수 61a
를 응원하는 사람들처럼, 그 꿈이 제가 하고 있던 일, 즉 시가 짓는 일을 계속 독려하고 있다고 말입니다. 왜냐하면 제가 생각하기에 철학이란 가장 위대한 시가[17]이며, 그게 바로 제가 행하던 일이었으니까요.

하지만 이제 재판이 끝나고 신의 제전이 저의 죽음을 늦추고 있으니, 혹시 그 꿈이 저에게 통상적인 시가를 짓도록 명령한다면 이에 불순종할 게 아니라 그렇게 해야겠다고 생각
했습니다. 꿈에 순종해서 시가를 창작하고, 그렇게 신성한 소 61b
임을 다한 후 세상을 하직하는 편이 더 안전할 테니까요. 그래서 우선 지금 벌어지고 있는 제전이 기리는 신께 헌사하는 시를 짓기 시작했습니다. 그런데 시인이 되려면 논설이 아니라 이야기를 창작해야 한다는 생각이 들었습니다. 하지만 저 자신은 이야기꾼이 아니기 때문에 아이소포스의 우화를 가

17 퓌타고라스 학파는 음악으로 영혼을 정화했다고 한다.

져다가 마음속에 떠오르는 것들로 시가를 지었던 겁니다. 이 우화는 이미 친숙하고 잘 아는 이야기입니다. 그러니까 오, 케베스여! 이 사실을 에우에노스에게 전해주세요. 그에게 안부 인사를 전해주시고, 그가 현명하다면 가능한 한 빨리 저를
61c 따르라고 말해주세요. 아마도 저는 오늘 세상을 떠나게 될 겁니다. 아테나이 사람들이 그렇게 명하니까요."

그러자 심미아스가 말했습니다. "오, 소크라테스여! 어째서 에우에노스에게 그런 일을 하라고 권하는 겁니까? 그 사람을 이미 여러 차례 만나봤지만, 제가 본 바로는 그는 피할 수만 있다면 당신을 선뜻 따르지 않을 겁니다."

소크라테스가 말했습니다. "그래요? 에우에노스는 지혜를 사랑하는 자[18]가 아니던가요?"

심미아스가 답했습니다. "제 생각에는 지혜를 사랑하는 사람인 것 같습니다."

"그러면 에우에노스는 제 말에 기꺼이 따를 것이고, 이 일[19]에 종사한다고 할 만한 모든 이도 그렇게 할 겁니다. 그렇다고 해서 자신을 해치지는 않겠지만요. 이런 일은 합당하지 않으니까요."

18 철학자.

19 철학.

소크라테스는 이렇게 말하면서 다리를 땅으로 내렸습니 61d
다. 그러고는 그렇게 앉은 채로 대화를 이어갔습니다.

케베스가 물었습니다. "그게 무슨 뜻인가요? 오, 소크라테스여! 자신을 해치는 일은 합당하지 않지만 지혜를 사랑하는 자는 죽은 사람을 기꺼이 따르려 한다는 말씀[20] 말입니다."

소크라테스가 답했습니다. "오, 케베스여! 당신과 심미아스는 필롤라오스[21]와 함께 지내면서 이런 이야기를 들어보지 못했습니까?"

"분명히 들은 바 없습니다, 오, 소크라테스여!"

"그러면 제가 들은 이야기를 토대로 들려드릴게요. 우연히
들은 이야기조차 꺼리며 못 할 이유는 없으니까요. 더구나 저 61e
는 이제 곧 그곳[22]으로 갈 사람, 그곳에서 사는 게 어떨지 따
져보는 일은 특히나 적절한 듯합니다. 해 질 때까지 할 만한
다른 소일거리도 없지 않습니까?"

"오, 소크라테스여! 도대체 무슨 이유로 그들에게는 스스로 목숨을 끊는 일이 허용되지 않는다고 말씀하시나요? 왜냐

20 자해나 자살은 올바른 일이 아니지만 철학자는 기꺼이 죽고자 한다는 것.

21 후기 퓌타고라스 학파의 대표적 인물 중 하나였으며, 퓌타고라스 공동체가 대大그리스Magna Graecia에서 축출되었을 때 테바이로 피신했다.

22 저세상.

퓌타고라스와 필롤라오스

르네상스 시대 대성당의 악장이자 작곡가로 활동했던 프란키누스 가푸리우스Franchinus Gaffurius의 저서 《음악 이론 *Theorica musicae*》(1492) 속 삽화다.

하면 저는 그런 일을 하면 안 된다는 것—즉, 당신께서 지금 하신 질문에 대한 답변—을 필롤라오스께서 우리와 함께 계실 때 그분에게 들었고 다른 사람들에게서도 들었기 때문입니다. 하지만 그에 관한 명확한 설명은 누구에게서도 들은 적이 없습니다."

소크라테스가 답했습니다. "곧 명확한 설명을 듣게 될 테 62a
니 실망하지 마세요. 하지만 세상 모든 일 중에서 오직 이 일만 절대적이라 여긴다면, 그러니까 다른 일들이 그렇듯 때로 어떤 사람에겐 사는 것보다 죽는 게 더 낫다면 아마도 놀랄 만한 일로 보일 겁니다. 또 이 사람들[23]이 자신에게 유익을 끼치는 게[24] 불경한 일이어서 다른 누군가가 그들에게 유익을 주기를 기다려야 한다면 이 또한 당신에게는 놀라울 겁니다."

그러자 케베스가 미소 지으면서 자기 동네 사투리로 말했습니다. "제우스께서 증인이 되어주시길!"

소크라테스가 말했습니다. "이렇게 말하면 불합리해 보이 62b
겠지만, 아마도 거기에는 모종의 이유가 있는 듯합니다. 이와 관련해서 비전秘傳[25]을 통해 회자되는 이야기는 사람은 일종

23 사는 것보다 죽는 게 나은 사람들.
24 자살하는 것.
25 여기서 소크라테스는 영혼이 육체 안에 감금되어 있다는 오르페우스교 교리를

의 감옥에 갇혀 있지만 스스로 벗어나거나 도망치려 해서는 안 된다는 겁니다. 제게는 이 이야기가 뭔가 묵직하고 쉽게 이해할 수 없는 말로 들립니다. 하지만 오, 케베스여! 적어도 신들은 우리를 돌보고, 우리 인간은 신들의 소유물 중 하나라는 것은 제대로 된 말이라고 생각합니다. 당신도 그렇게 생각하지 않으십니까?"

케베스가 답했습니다. "저도 그렇게 생각합니다."

62c 소크라테스가 말했습니다. "당신의 소유물 중 하나가 스스로를 죽이려 한다고 가정해봅시다. 그 소유물이 죽기를 바란다는 신호를 당신이 보낸 적도 없는데 말입니다. 당신은 그 소유물에 화를 낼 것이고, 벌줄 방법이 있다면 벌을 내리지 않겠습니까?"

케베스가 말했습니다. "물론 그렇게 하겠지요."

소크라테스가 말했습니다. "그렇다면 신이 모종의 필연—지금 저에게 닥친 것과 같은 필연 말입니다—을 내려보내기까지는 우리가 자신을 죽여서는 안 된다는 것이 불합리하지 않습니다."

케베스가 답했습니다. "그도 그럴 것 같습니다. 하지만 당

염두에 두고 있는 듯하다. 〈크라튈로스〉 400c, 〈고리기아스〉 493a 참고.

신께서 지금 하신 말씀, 즉 지혜를 사랑하는 자들[26]이 태연하게 죽으려 할 것이라는 말씀은 이상하게 들립니다. 오, 소크 62d
라테스여! 우리가 조금 전에 이야기한 대로 신은 우리를 돌보는 자이시고 우리는 신의 소유물임이 정말로 맞다면 말입니다. 왜냐하면 가장 현명한 자들이 최상의 감독자인 신들의 보살핌을 떠나면서 분개하지 않는다는 건 말도 안 되니까요. 적어도 현명한 사람이라면 자신이 자유로워진 다음 스스로 더 잘 돌보게 되리라고 생각하지 않을 겁니다.

반대로 생각 없는 자는 아마도 주인에게서 도망쳐야 한다
고 생각하겠지요. 이런 사람은 좋은 주인에게서 도망치기보 62e
다 오히려 가능한 한 곁에 머물도록 최선을 다해야 한다고 생각하지 않을 겁니다. 그래서 그는 생각 없이 도망치겠지요. 하지만 제정신을 가진 사람은 늘 자기보다 나은 사람 곁에 있기를 바랄 겁니다. 그런데 오, 소크라테스여! 이렇게 보니 진실은 아까 말씀하신 내용과 반대되는 듯합니다. 현명한 자는 당연히 죽음에 분개하겠지만 어리석은 자는 죽음을 기뻐할 것이기 때문입니다."

이 말을 듣고 소크라테스는 케베스의 열심熱心에 기뻐하

26 철학자들.

63a 는 듯했습니다. 그분은 우리를 보면서 이렇게 말했습니다. "여러분도 보시다시피 케베스는 항상 논증을 면밀히 추적합니다. 그리고 누군가 무슨 말을 해도 그 말에 곧바로 설득되지 않습니다."

그러자 심미아스가 말했습니다. "오, 소크라테스여! 제가 보기에도 지금 케베스의 말이 일리가 있다고 생각합니다. 진정으로 지혜로운 사람들이 어째서 자신보다 나은 주인을 떠나 기꺼이 자유로워지기를 원하겠습니까? 제가 보기에는 케베스가 당신을 겨냥해서 논증을 제시하는 것 같습니다. 왜냐하면 당신께서는 이토록 쉽게 우리와 신들을 남겨두고 떠나려 하기 때문입니다. 당신 스스로도 말씀하셨듯이 신들이 훌륭한 통치자인데도 말입니다."

63b 소크라테스가 말했습니다. "두 분의 말씀이 합당합니다. 그러니까 두 분은 마치 법정에서처럼 이런 반박에 변론해야 한다고 말씀하시는 것이지요?"

심미아스가 말했습니다. "물론입니다."

소크라테스가 답했습니다. "좋습니다. 그러면 배심원들 앞에서 변론했던 것보다 더 설득력 있게 여러분에게 제 자신을 변론해보겠습니다. 왜냐하면 오, 심미아스와 케베스여! 제가 먼저 지혜롭고 훌륭한 다른 신들 곁으로, 그리고 다음으로는

이 세상 사람들보다 더 나은 고인故人들 곁으로 가게 될 것이라
고 생각하지 않았다면, 죽음에 분개하지 않는 게 잘못일 테니
까요. 하지만 아시다시피 저는 훌륭한 사람들 곁으로 가게 될 63c
거라고 기대합니다. 이를 강변하지는 않겠습니다만, 만약 무언
가를 우길 수 있다면, 저는 아주 훌륭한 주인인 신들 곁으로 가
게 될 거라고 우길 테니 이를 잘 알아두세요. 그래서 분개하기
는커녕 무언가가 죽은 사람을 기다리고 있다, 즉 오래전부터
회자되는 것처럼 나쁜 사람보다는 훌륭한 사람에게 더 나은 무
언가가 기다리고 있지 않을까 하는 희망을 갖는 것이지요."

심미아스가 말했습니다. "그렇다면 오, 소크라테스여! 당
신은 이런 생각을 마음속에 간직한 채 떠날 작정이신가요?
아니면 우리에게도 그 생각을 나누어주실 건가요? 제가 보기 63d
엔 우리도 그런 혜택을 누릴 자격이 있다고 생각합니다. 당신
의 말씀이 우리를 설득시킨다면 그것이 동시에 당신에게도
변론이 될 테니까요."

소크라테스가 말했습니다. "물론 그렇게 해보겠습니다. 하지만 먼저 여기 계신 크리톤이 무슨 말을 하고자 하는지 들어봅시다. 아까부터 뭔가 말하고 싶어 하는 것 같으니까요."

크리톤이 말했습니다. "오, 소크라테스여! 다른 게 아니라 자네에게 약을 줄 사람이 아까부터 나에게 이렇게 말하지 않

겠나. 자네가 이야기를 가능한 한 적게 하도록 하라고 말이네. 그가 말하길, 이야기를 많이 하면 몸이 뜨거워지는데, 이런 상
63e 태인 사람에게 약을 투여하면 안 된다고 하네. 이런 상태에서는 두 번 혹은 세 번까지도 약을 마셔야 한다는군."

소크라테스가 말했습니다. "그 사람은 너무 걱정 말고 자기 일을 하도록 두게. 필요하다면 두 번이든 세 번이든 마실 약을 준비하라고 하게."

크리톤이 말했습니다. "자네가 그렇게 말할 줄 알고 있었네. 하지만 그 사람이 아까부터 나를 성가시게 하고 있다네."

"그 사람은 내버려두게." 소크라테스가 말했습니다. "지금 저는 배심원 여러분께 변론을 하고자 합니다. 어째서 제가 보기에 진정으로 지혜를 사랑하면서 평생을 살아온 사람이
64a 죽음에 임박해 확신을 가지면서, 최후를 맞이한 후 저세상에서 최고의 선을 얻게 될 것이라는 희망을 갖는 게 합당한지 말입니다. 오, 심미아스와 케베스여! 저는 어떻게 그럴 수 있는지 말씀드리고자 합니다. 다른 사람들은 아마도 알아차리지 못하는 것 같습니다. 올바르게 철학을 연마하는 사람들이 죽어감과 죽음[27]을 추구하는지를 말입니다. 만약 이것이 사

27 죽음의 과정과 결과.

실이라면 그들은 다름 아닌 죽음을 평생 열망합니다. 그런데도 막상 죽음의 순간이 실제로 닥쳤을 때 자신이 오랫동안 열망하며 추구해온 것에 분개한다면 정말이지 이상한 일입니다."

이 말에 심미아스가 웃으며 말했습니다. "제우스께 맹세컨대, 오, 소크라테스여! 지금 웃을 생각이 추호도 없습니다만 당 64b
신께서 저를 웃게 만드시는군요. 대부분의 사람들이 이 말을 들으면 철학하는 사람들을 두고 아주 잘 말씀하셨다고 여길 겁니다. 그리고 우리 고장 사람들[28]도 모두 동의할 겁니다. 철학하는 자들이 실로 죽은 목숨이나 다름없고, 그들이 그런 일을 겪는 게 마땅하다는 걸 많은 이가 알고 있음을 말입니다."

"오, 심미아스여! 그 말이 사실일지도 모릅니다. 그들이 그 사실을 알고 있다는 점만 제외하면 말입니다. 왜냐하면 그들은 진정으로 지혜를 사랑하는 사람이 어떤 점에서 죽은 목숨이나 다름없고 죽는 게 마땅한지, 또 어떻게 죽는 게 마땅한지
미처 깨닫지 못하기 때문입니다." 소크라테스가 계속 말했습 64c
니다. "그러니까 저들에게는 신경 쓰지 말고 우리끼리 이야기합시다. 우리는 죽음이라는 게 존재한다고 믿나요?"

28 테바이 시민들.

"물론이지요."

"죽음이란 다름 아니라 영혼이 몸에서 분리되는 것이지요? 또한 죽는다는 건 몸이 영혼에서 분리되고 이탈해서 자기 홀로 있게 되고, 영혼도 몸에서 분리되고 이탈해서 자기 홀로 있게 되는 것 말고 다른 어떤 건가요? 죽음이 이것 외에 다른 무엇일까요?"

"아니요. 바로 그겁니다."

"오, 훌륭한 자여! 당신도 저와 생각이 같은지 살펴보세요.
64d 저는 다음과 같이 논의함으로써 우리가 탐구하는 바를 더 잘 이해하게 될 것이라고 믿습니다. 당신은 먹을 것이나 마실 것에서 쾌락을 얻는 게 지혜를 사랑하는 사람한테 합당하다고 생각하시나요?"

심미아스가 답했습니다. "아니요. 오, 소크라테스여! 전혀 그렇지 않습니다."

"성적 쾌락은 어떤가요?"

"그것도 아닙니다."

"그러면 지혜를 사랑하는 사람이 몸을 돌보는 데 사용하는 것들을 값지게 여기는 것 같습니까? 이를테면 좋은 옷이나 신발, 장신구를 소유하는 것 말입니다. 그가 이런 것들을 귀히
64e 여긴다고 생각하십니까? 아니면 어쩔 수 없이 필요한 경우가

아니면 하찮게 여긴다고 생각하십니까?"

심미아스가 말했습니다. "제 생각에는 그가 참된 철학자라면 이것들을 하찮게 여길 듯합니다."

소크라테스가 말했습니다. "그렇다면 한마디로 당신은 그의 관심사는 몸의 영역이 아니며, 오히려 가능한 한 몸에서 떨어져 영혼으로 향한다고 생각하시나요?"

"예, 그렇게 생각합니다."

"그러면 먼저 지혜를 사랑하는 자는 영혼과 몸의 교제에서 65a
영혼을 최대한 분리한다는 점에서 다른 사람들과 다르다는 것이 밝혀졌지요?"

"그런 것 같습니다."

"오, 심미아스여! 많은 이가 이런 종류의 쾌락에서 즐거움을 느끼지 못하고, 이런 일에 관여하지 않는 사람은 살 가치가 없다고 생각하지요? 또 육체를 통해 생겨나는 쾌락을 전혀 돌보지 않는 사람은 죽은 사람에 가깝다고 여길 겁니다."

"참으로 옳은 말씀입니다."

"그렇다면 현명함[29]을 획득하는 일은 어떤가요? 누군가가

29 phronēsis.

현명함을 추구하려고 몸을 동반자로 삼는다면 몸은 방해가
65b 될까요, 아닌가요? 제가 드리고자 하는 말씀은 다음과 같습니다. 이를테면 시각과 청각이 사람들에게 진리를 제공해주나요? 아니면 시인들이 늘 읊어대는 것처럼, 우리는 아무것도 정확히 듣거나 볼 수 없나요? 신체감각 중 시각과 청각이 정확하지도 않고 명료하지도 않다면 아마 다른 감각은 말할 필요도 없을 겁니다. 나머지 감각은 시각이나 청각보다 열등하니까요. 당신은 그렇다고 생각하지 않으십니까?"

"물론 그렇다고 생각합니다."

소크라테스가 말했습니다. "그러면 영혼은 언제 진리를 포착하나요? 영혼이 육체와 함께 무언가를 탐구하려 할 때마다 육체에 기만당하게 된다면 말이지요."

65c "지당하신 말씀입니다."

"존재하는 것들 중 무언가가 어딘가에서 영혼에게 감지된다면 그건 아마도 추론해서가 아닐까요?"

"맞습니다."

"그런데 영혼이 가장 훌륭하게 추론하는 경우는 청각이나 시각, 고통이나 쾌락에 방해받지 않을 때입니다. 그러니까 영혼이 육체와 작별하고 최대한 홀로 있을 때, 또 가능한 한 육체와 교제하거나 접촉하지 않은 채 존재를 찾아 나설 때 말

입니다."

"그렇습니다."

"그러면 지혜를 사랑하는 사람의 영혼이야말로 육체를 하 65d
찮게 여기고 육체로부터 달아나 홀로 있으려 하지 않을까요?"

"그런 것 같습니다."

"오, 심미아스여! 다음은 어떻게 생각하시나요? 당신은 정의 그 자체가 존재한다고 생각하시나요, 아니라고 생각하시나요?"

"제우스께 맹세컨대, 존재한다고 생각합니다."

"아름다움과 좋음은요?"

"당연히 존재하지요."

"그중에서 눈으로 목격한 것이 있나요?"

심미아스가 말했습니다. "아니요."

"아니면 다른 신체감각으로 그것들을 포착한 적은 있나요? 지금 저는 모든 것, 가령 큼, 건강, 힘 그리고 한마디로 다른 모든 것의 존재[30]—즉, 이들 각각이 무엇인지—에 관해
말씀드리고 있습니다. 그것들이 몸을 통해 가장 참되게 파악 65e
되나요? 아니면 우리 가운데 탐구하는 각 대상을 가장 잘 그

30 또는 본질.

리고 정확하게 사고하도록 훈련된 사람이 그 대상을 인식하는 데 가장 근접하나요?"

"물론 그렇습니다."

"그러면 최대한 사고만으로 각 대상에 접근하는 사람이 그런 일을 가장 오류 없이 하지 않을까요? 그는 사고에 시각을
66a 개입시키지도 않고 추론에 다른 감각을 끌어들이지도 않습니다. 그러면서 순수한 사고만을 활용해서 존재하는 하나하나를 그 자체로 순수하게 추적하고자 합니다. 눈과 귀 그리고 말하자면 몸 전체로부터 자신을 최대한 분리하면서 말입니다. 육체는 영혼과 교제할 때마다 그 영혼을 동요시키면서 진리와 현명함을 획득하도록 내버려두지 않으니까요. 오, 심미아스여! 만약 누군가 존재의 진리에 도달한다면 이런 사람이 아닐까요?"

심미아스가 대답했습니다. "확실히 당신께서 말씀하신 대로입니다, 오, 소크라테스여!"

66b 소크라테스가 말했습니다. "그렇다면 이 모든 것[31]으로부터 필연적으로 다음과 같은 믿음이 진정한 철학자들에게 분명 생겨날 것입니다. 이들은 서로 이렇게 말할 겁니다.

31 64d-66a까지의 결론.

'우리를 인도하는 지름길이 있는 듯합니다. 우리가 탐구할 때 이성과 더불어 육체를 가져서 우리 영혼이 육체적 악에 오염되어 있는 한 열망하는 것을 얻지 못할 테니까요. 우리는 이를 진리라고 부릅니다. 왜냐하면 육체는 수많은 경우에 영양 공급을 필요로 하므로 우리에게 그로 인한 수고 거리를 가져다주기 때문입니다. 더욱이 질병에 걸리면 존재에 대한 66c
우리의 탐색은 방해받습니다.

또 육체는 사랑과 욕망, 두려움, 온갖 종류의 환상과 많은 바보짓으로 우리를 채웁니다. 그 결과, 우리는 진실로 아무것도 사고할 수 없는 지경에 이릅니다. 전쟁과 갈등 그리고 싸움도 다름 아닌 육체와 그 욕망이 초래합니다. 왜냐하면 모든
전쟁은 금전을 소유하기 위한 목적으로 벌어지는데, 우리는 66d
육체 때문에 금전을 소유하도록 강제되고 육체를 건사하는 일에 노예가 되기 때문입니다. 그래서 이러한 이유들로 우리는 지혜에 대한 사랑을 연마할 여유가 없습니다.

더 최악의 문제는 설령 우리가 육체에서 벗어나 약간의 여유가 생겨 뭔가 탐구해보려 해도, 육체가 사방에서 끼어들어 소란과 동요를 일으키고 우리를 압도해 참된 것을 바라볼 수 없게 방해한다는 점입니다. 그러니 우리가 무언가를 순수하
게 알려면 육체에서 분리되어 대상을 영혼 자체로 관찰해야 66e

합니다.

위의 논증에서 알 수 있듯 우리가 열망하고 사랑하는 것, 즉 현명함을 가지게 되는 것은 죽었을 때이지 살아 있을 때가 아닐 겁니다. 왜냐하면 육체와 함께할 때 무언가에 대한 순수한 앎을 얻을 수 없다면 둘 중 하나일 것이기 때문입니다. 즉, 앎을 절대로 획득할 수 없거나 아니면 우리가 죽어서
67a 나 획득할 수 있는 것입니다. 그때서야[32] 영혼은 육체를 떠나 홀로 있게 됩니다. 그 이전에는 홀로 있을 수 없습니다.

그러니까 우리가 살아 있는 동안에는 불가피한 경우를 제외하면 최대한 육체와 관계를 가지거나 교제하지 않아서, 신께서 우리를 구원해줄 때까지 육체의 본성에 오염되지 않고 육체로부터 정화될 때 앎에 가장 근접할 것입니다. 이처럼 육체의 어리석음에서 해방되어 정화될 때, 아마도 우리는 순수한 사람들[33]과 함께 있게 될 것이고 순수한 모든 것을 우리 스스로 알
67b 게 될 겁니다. 아마도 이것이 참이겠지요. 왜냐하면 정화되지 않은 자가 정화된 것에 도달하는 일은 결코 없을 테니까요.'

오, 심미아스여! 제 생각에는 올바르게 배움을 사랑하는

32 사후에.

33 또는 순수한 것들.

모든 이는 필연적으로 이와 같이 서로 말하고 생각할 겁니다. 그렇다고 생각하지 않으시나요?"

"물론 그렇다고 생각합니다. 오, 소크라테스여! 그 무엇보다도 말입니다."

"이 모든 게 사실이라면 제가 가는 여정의 끝에 도달했을 때, 거기서 평생 얻고자 부단히 애쓴 바를 충분히 얻게 되리라는 큰 희망이 있습니다. 그러니까 지금 저에게 주어진 여정 67c
은 큰 희망을 동반합니다. 사고가 정화된 상태로 준비되었다고 여기는 이의 여정이 그러하듯 말입니다."

"물론입니다."

"그런데 정화는 조금 전 논의[34]에서 언급하지 않았나요? 즉, 영혼을 최대한 육체로부터 분리해서 모든 면에서 육체로부터 떨어져 영혼 자체만을 모으고 갈무리하며, 가능한 한 혼
자 살도록 길들이는 것 말입니다. 현재도 그렇지만 미래에도 67d
마치 결박에서 풀려나듯 육체로부터 해방되어서 말이지요."

"물론입니다."

"영혼을 육체에서 자유롭게 하고 분리하는 것을 죽음이라고 하지 않나요?"

34 64d-66a.

"정말로 그렇습니다."

"좋습니다. 우리는 그 누구보다 영혼을 육체에서 자유롭게 하기를 열망하는 사람은 올바르게 지혜를 사랑하는 자들[35] 뿐이고, 오직 이들만이 항상 그런 열망을 갖는다고 말합니다. 지혜를 사랑하는 자들은 바로 영혼을 육체로부터 자유롭게 하고 분리하는 일을 수행한다는 겁니다. 아닌가요?"

"아마도 그게 지혜를 사랑하는 자의 일인 것 같습니다."

67e "그러면 제가 처음에 이야기했듯이,[36] 어떤 사람이 일생 동안 최대한 죽음에 가까운 상태로 살도록 스스로 준비하다가 막상 죽음이 임박하자 이에 분개한다면 이는 우스꽝스러운 일일 겁니다. 그렇지 않겠습니까?"

"당연히 우스꽝스럽습니다."

"오, 심미아스여! 올바르게 지혜를 사랑하는 자는 진실로 죽고자 하므로 죽는 것이 가장 덜 두려울 겁니다. 다음과 같이 살펴봅시다. 만약 이들이 육체와 모든 면에서 반목하며 영혼 자체를 오롯이 가지기를 열망하면서도 실제로 이런 일이 일어나는 것을 두려워하고 분개한다면 이는 매우 불합리한

35 철학하는 자들.

36 64a.

일이 아니겠습니까? 다시 말해 거기에 다다르기만 하면 평 68a
생 사랑해온 것, 즉 현명함을 얻을 수 있고, 육체와의 다툼에서도 벗어날 수 있는데 기꺼이 가려 하지 않는다면 말이지요. 연인이나 아내 그리고 아들이 사망할 때, 많은 사람이 기꺼이 이들을 따라 저세상에 가려고 합니다. 거기서 자신이 그리워하던 사람들을 만나 함께 지내리라는 희망에 이끌려서 말이지요.

그렇다면 진실로 현명함을 사랑하는 사람이 오직 저세상에 가서야 비로소 현명함과 만날 것이라고 확고하게 믿으면
서도, 죽게 되자 분개하고 거기로 기꺼이 가지 않으려 하겠 68b
습니까? 오, 친구여! 적어도 그가 진정으로 지혜를 사랑하는 사람이라면 그러지 않을 것이라고 생각합니다. 왜냐하면 그는 저세상이 아닌 다른 곳에서는 결코 현명함과 순수하게 만나지 못할 것이라고 확신할 테니까요. 만약 사정이 이렇다면, 제가 조금 전 말씀드린 것처럼[37] 이런 사람이 죽음을 두려워한다는 건 매우 불합리하지 않겠습니까?"

"그렇습니다. 제우스께 맹세컨대, 단연코 불합리합니다."

"어떤 사람이 죽게 되었을 때 분개한다면 이는 그가 지혜 68c

37 67e.

를 사랑하는 자가 아니라 육체를 사랑하는 자라는 충분한 증거이겠지요? 제 생각에 이 사람은 돈을 사랑하는 자이거나 명예를 사랑하는 자이거나 아니면 그 둘 다일 겁니다."

심미아스가 말했습니다. "말씀하신 대로입니다."

소크라테스가 말했습니다. "그러면 오, 심미아스여! 용기라는 것도 지혜를 사랑하는 사람에게 가장 합당한 게 아니겠습니까?"

심미아스가 말했습니다. "정말 그렇습니다."

"많은 이가 절제라고 부르는 것, 즉 욕망에 동요되지 않고 이를 하찮게 여기며 절도를 지키는 것도 특별히 육체를 하찮게 여기고 지혜를 사랑하면서 살아가는 사람들에게만 합당한 게 아닐까요?"

68d "마땅히 그래야겠지요."

"만약 당신이 다른 사람들의 용기와 절제에 관해 살펴보고자 한다면 불합리한 일이라고 여기실 겁니다."

"오, 소크라테스여! 어째서 그렇지요?"

"다른 사람들은 죽음을 가장 나쁜 것 가운데 하나로 간주한다는 사실을 당신은 아십니까?"

"물론이지요."

"그들 중 용기 있는 자가 죽음을 감내한다면 죽음보다 더 나쁜 것을 두려워하기 때문이겠지요?"

"그렇습니다."

"그러면 지혜를 사랑하는 자가 아닌 다른 사람들이 용감한 것은 무섭고 두렵기 때문입니다. 하지만 무섭고 두려워서 용감하다면 그것은 오히려 불합리합니다."

"물론입니다." 68e

"절도 있는 사람은 어떤가요? 그들에게도 같은 일이 일어나나요? 그러니까 그들은 무절제하기에 절제하는 것이 아닐까요? 우리는 이런 일이 불가능하다고 말하지만, 이들에게는 단순한 절제와 관련해서 다음과 같은 일이 생겨납니다. 즉, 그들은 이미 특정한 쾌락에 굴복한 상태입니다. 그렇기 때문에 자신이 열망하는 쾌락을 빼앗길까 봐 두려워 다른 쾌락을 삼가는 겁니다. 사람들은 쾌락에 지배당하는 것을 무절제라
고 부르지만, 이들에게는 쾌락에 지배당하기 때문에 다른 쾌 69a
락을 다스리는 일이 생겨나는 겁니다. 이는 우리가 지금 논의한 것과 유사합니다. 그들이 무절제하기에 절제하게 되었다는 것이지요."

"그런 것 같습니다."

"왜냐하면 오, 친애하는 심미아스여! 제가 추측하기에, 마치 화폐를 교환하듯이 쾌락을 다른 쾌락과, 고통을 다른 고

통과, 두려움을 다른 두려움과, 더 큰 것을 더 작은 것과 교환한다면 이는 덕을 얻기 위한 올바른 교환이 아닙니다. 덕을 얻기 위한 올바른 화폐는 오직 하나뿐입니다. 그것을 대가로 다른 모든 것을 교환할 수 있는 유일한 화폐는 현명함입니다.

69b 아마도 모든 것을 사고팔 수 있는 참된 교환 수단은 현명함이며, 용기와 절제, 정의 그리고 참된 덕은 현명함과 함께할 겁니다. 쾌락과 공포 그리고 이와 유사한 다른 것이 덧붙여지든 떨어져 나가든 말입니다. 이것들이 현명함에서 분리되어 서로 교환된다면, 그런 종류의 덕은 일종의 신기루가 아닐까 싶습니다. 또 그런 덕은 진실로 노예에게나 어울리며, 건전하고 참된 것을 하나도 포함하지 않습니다.

69c 이러한 모든 것으로부터 정화된 상태가 절제, 정의, 용기이며, 아마도 현명함 자체는 일종의 정화 의식인 듯합니다. 따라서 입문 의식을 만든 사람들은 변변치 않은 사람은 아니었을 겁니다. 또 이들은 입문하지 않고 정화되지도 않은 채 저세상에 이른 자는 오물을 묻히게 되겠지만, 정화되고 입문한 채 저세상에 도달한 사람은 거기서 신들과 더불어 살게 될 것이라고 말하면서, 실로 오래전부터 수수께끼를 제시한 듯합니다. 입문 의식에 관련된 이들이 말하듯, 지팡이를 들고

다니는 자들은 많으나 진정으로 입문한 신도[38]는 드물기 때 69d
문입니다.
제가 생각하기에, 입문한 자들은 다름 아니라 올바르게 지
혜를 사랑해온 사람들[39]입니다. 저도 이들 가운데 하나가 되
고자 안 해본 일이 없습니다. 능력이 닿는 한 온갖 방식으로
이들처럼 되고자 했지요. 제가 올바르게 노력했는지, 그래서
뭔가를 이루었는지는 저세상에 가봐야 분명히 알게 될 겁니
다. 신께서 원하시면 저는 잠시 후 거기 가게 될 테고요."
소크라테스가 계속 말했습니다. "그러니까 오, 심미아스와
케베스여! 바로 이것이 여러분과 여기 계신 감독관들을 남겨
두고 떠나면서도 괴로워하거나 분개하지 않는 아주 그럴듯
한 저의 변론입니다. 저는 이곳 못지않게 거기서도 좋은 감독 69e
관들과 동료들을 만나게 될 거라 믿으니까요. 제 변론이 아테
나이 법정의 배심원들보다 여러분에게 더 그럴듯하게 여겨
진다면 그것으로 족합니다."
그때 케베스가 끼어들었습니다. "오, 소크라테스여! 다른
것들은 훌륭하게 논의하셨다고 생각하지만, 영혼에 관한 말 70a

38 박코이. 디오뉘소스 신비 의식에 입문한 자들은 '박코이' 또는 '박카이'라고 일컬어졌다.

39 올바르게 철학한 자들.

씀은 사람들에게 많은 의심을 불러일으킵니다. 일단 영혼이 육체에서 분리되면 더 이상 아무 곳에도 존재하지 않으며, 사람이 사망하는 그날 파괴되고 소멸하지나 않을까 걱정할 테니까요. 즉, 영혼이 육체에서 분리되자마자 마치 숨결이나 연기처럼 사방으로 날아가서 흩어져버리고 아무 곳에도 존재하지 않게 되는 게 아닌가 하고 말입니다. 만약 영혼이 어딘가에 그 자체로 홀로 존재하고, 지금 말씀하신 악들로부터 분
70b 리되어 한데 모이게 된다면 오, 소크라테스여! 당신의 말씀이 참되다는 크고 아름다운 희망이 있을 겁니다. 하지만 사람이 죽은 후에도 영혼이 존재하고 모종의 능력과 현명함을 가진다는 이야기에는 적잖은 설득과 확신이 필요합니다."

소크라테스가 말했습니다. "오, 케베스여! 당신 말씀이 맞습니다. 그렇다면 이제 어떻게 해야 할까요? 이 말이 그럴듯한지 아닌지 알기 위해서 더 철저하게 논의하기를 원하시나요?"

케베스가 말했습니다. "저로서는 이 문제에 관해 당신께서 어떻게 생각하시는지 기꺼이 듣고 싶습니다."

70c 소크라테스가 말했습니다. "누군가—설령 그가 희극작가[40]라고 하더라도—가 우리 이야기를 듣는다면, 지금 제가

40 아리스토파네스의 《구름》 1485에는 소크라테스와 그의 제자들이 자연철학자와

허풍이나 떨면서 상관도 없는 것들을 주절거린다고 생각하지는 않을 겁니다. 따라서 당신이 좋다면 이 문제를 면밀히 따져보는 게 좋겠습니다. 다음과 같이 생각해봅시다. 죽은 사람의 영혼이 저세상에 존재하는지 아닌지 말입니다.

옛이야기 중에 죽은 사람의 영혼이 이승에서 저승으로 갔다가 다시 이승으로 돌아와 망자에게서 태어난다는 이야기가 기억납니다. 산 사람이 죽은 사람에게서 다시 태어난다는
이야기가 사실이라면 우리 영혼이 저승에 존재하지 않겠습 70d
니까? 왜냐하면 영혼이 어딘가에 존재하지 않는다면 다시 태어날 수 없을 테니까요. 그러니까 산 사람이 죽은 사람 말고 다른 데서 태어날 수 없다는 게 사실이라면 이는 영혼이 어딘가에 존재한다는 충분한 증거가 됩니다. 하지만 그렇지 않다면 다른 논증이 필요합니다."

케베스가 말했습니다. "물론입니다."

소크라테스가 말했습니다. "만약 더 쉽게 이해하고 싶다면 사람뿐만 아니라 모든 동물과 식물, 요컨대 생성되는 모든 것
을 살펴보세요. 반대되는 것들이 있을 경우 그 반대되는 것 70e
들에서 생기는지를 말입니다. 가령 아름다운 것은 추한 것에

소피스테스의 모습이 뒤섞인 허풍쟁이로 등장한다.

반대되고, 정의로운 것은 불의한 것에 반대되며, 수없이 많은 다른 것들도 그러합니다. 그러니까 반대되는 것이 있다면 필연적으로 자신과 반대되는 것으로부터 생성되는지 살펴보자는 말입니다. 이를테면 어떤 것이 더 커진다면, 필연적으로 이전에 더 작은 것에서 나중에 더 커졌겠지요?"

"예."

71a "또 어떤 것이 더 작아진다면 이전에 더 큰 것에서 나중에 더 작아졌겠지요?"

케베스가 답했습니다. "그렇습니다."

"더 강한 것에서 더 약한 것이 생겨나고, 더 느린 것에서 더 빠른 것이 생겨나겠지요?"

"물론입니다."

"이건 어떻습니까? 어떤 것이 더 나빠진다면 더 좋은 것에서 그렇게 되는 것이고, 어떤 것이 더 정의로워진다면 더 불의한 것에서 그렇게 되나요?"

"당연하지요."

"그렇다면 우리는 충분히 입증했습니다. 모든 것은 자신과 반대되는 것에서 생겨난다는 사실을 말이지요."

"물론입니다."

"이건 어떻습니까? 반대되는 것들은 다음과 같은 무언가가 있지 않나요? 이를테면 모든 반대되는 두 항 사이에는 두 종류의 생성, 즉 이쪽으로부터 저쪽으로의 생성과 반대로 저쪽 71b
으로부터 이쪽으로의 생성이 존재합니다. 가령 더 큰 것과 더 작은 것 사이에는 증가와 감소가 존재하는데, 우리는 하나를 커짐이라고 부르고 다른 하나를 작아짐이라고 하지요?"

케베스가 답했습니다. "예."

"분리와 결합, 차가워짐과 뜨거워짐 등도 마찬가지입니다. 비록 어떤 경우에는 우리가 그 이름을 사용하지 않지만, 이들이 서로에게서 생성되고 각자가 자신과 반대되는 것으로부터 서로 생성된다는 것이 모든 경우에 필연적인 사실 아닌가요?"

케베스가 답했습니다. "물론입니다."

소크라테스가 말했습니다. "그러면 살아 있음에 반대되는 71c
게 있나요? 잠들어 있음이 깨어 있음에 반대되는 것처럼 말입니다."

"물론 존재합니다."

"뭔가요?"

"죽음입니다."

"그러면 이것들도 서로에게서 생겨나겠지요? 서로 반대되는 것이니까요. 그리고 이것들이 둘이니까 이것들 사이에는 두 개의 생성이 존재하나요?"

"당연합니다."

"그렇다면 제가 지금 당신에게 말씀드린 두 항 중 하나와 그 생성을 말씀드릴 테니, 당신은 그 반대 항을 말씀해주세요. 가령 저는 하나를 잠들어 있음, 다른 하나를 깨어남이라
71d 고 부릅니다. 그리고 잠들어 있음에서 깨어남이 생겨나고 깨어남에서 잠들어 있음이 생겨난다고 말합니다. 이때 두 반대 항 사이의 생성은 잠듦과 깨어남입니다. 제 말이 충분하다고 생각하십니까, 아닙니까?"

"물론 충분합니다."

소크라테스가 말했습니다. "이제 당신도 같은 방식으로 삶과 죽음에 관해 말씀해주세요. 당신은 죽는 것이 사는 것에 반대된다고 말씀하시나요?"

"그렇습니다."

"이것들은 서로에게서 생겨나고요?"

"예."

"그렇다면 살아 있는 것에서 무엇이 생성되나요?"

"죽은 것입니다."

"죽은 것에서는 무엇이 생성되나요?"

"살아 있는 것이라고 말씀드릴 수밖에 없습니다."

"그러면 오, 케베스여! 살아 있는 것과 살아 있는 사람은 죽은 것에서 생겨나나요?"

"그런 것 같습니다." 71e

"그러면 우리 영혼은 저세상에 존재합니다."

"그렇겠네요."

"이것들과 관련된 두 생성 중 적어도 한쪽은 분명하지 않은가요? 최소한 죽는다는 것은 분명하다고 생각하는데, 그렇지 않나요?"

"물론 분명합니다."

"이제 어떻게 할까요? 죽음에 반대되는 생성으로 균형을 잡지 않음으로써 자연이 불구가 되게 할까요? 아니면 죽음에 반대되는 생성으로 균형을 맞추어야 할까요?"

"물론 균형을 맞추어야 합니다."

"그것은 어떤 생성인가요?"

"다시 살아남입니다."

소크라테스가 말했습니다. "다시 살아남이 존재한다면, 다 72a
시 살아난다는 것은 죽은 사람에게서 산 사람으로 생성되는
것 아니겠습니까?"

"물론입니다."

"이 경우에 우리는 산 자에게서 죽은 자가 생겨나는 것 못

지않게 죽은 자에게서 산 자가 생겨난다는 데도 동의합니다. 만약 이것이 사실이라면 죽은 자의 영혼이 필연적으로 어딘가에 존재하며, 거기로부터 다시 생겨난다는 충분한 증거가 된다고 생각합니다."

케베스가 답했습니다.

"오, 소크라테스여! 제가 보기에도 우리가 동의한 바에 따르면 필연적으로 그런 것 같습니다."

"오, 케베스여! 다음과 같이 살펴보세요. 저에게 그렇게 생각되는 것처럼, 우리가 부당하게 동의하지 않았다는 것을 말
72b 입니다. 가령 생성되는 대상이 항상 자신의 대립 항과 균형을 이루어서 마치 원을 그리듯 순환하지 않고, 직선처럼 오직 한쪽에서 반대되는 것으로만 일방적으로 생성되어 이전 것으로 다시 돌아가거나 본래대로 선회하지 않는다고 가정해봅시다. 이 경우에 마지막에는 모든 것이 같은 모양을 가지게 될 것이고, 같은 상태가 되어 생성 또한 중단될 것입니다. 당신은 이를 아시나요?"

"그게 무슨 뜻인가요?"

"제 말을 이해하기란 전혀 어렵지 않습니다. 잠드는 행위는 존재하지만 이에 맞서 잠에서 깨어나는 생성이 균형을 이
72c 루지 않는다면, 아시다시피 만물의 궁극적 결말은 엔뒤미온

의 에피소드[41]를 사소한 일로 만들 겁니다. 다른 모든 것이 그와 동일한 상태—즉, 영원히 잠드는 것—를 겪는다면 엔뒤미온도 별 볼 일 없을 테니까요. 또한 만물이 결합하되 분리되지 않는다면 아낙사고라스[42]가 말한 것처럼 만물이 함께 있게 될 것입니다.

마찬가지로 오, 친애하는 케베스여! 만약 살아 있음에 참여하는 모든 것이 일단 죽고 나면, 그래서 죽은 상태로만 머무른 채 다시 살아나지 않는다면, 결국 만물이 죽게 되고 아무것도 살아 있지 않게 될 것임이 불가피하지 않겠습니까?
왜냐하면 살아 있는 것이 다른 어떤 것에서[43] 생겨나는데, 살 72d
아 있는 것이 죽게 된다면 모든 것이 다 죽어 없어지는 일을 막을 방법이 있겠습니까?"

케베스가 말했습니다. "제가 보기에도 모든 것이 사라지는 걸 막을 수 없을 듯합니다, 오, 소크라테스여! 그러니까 제 생각에는 당신 말씀이 전적으로 옳은 것 같습니다."

소크라테스가 말했습니다. "그렇습니다, 오, 케베스여! 정말로 그럴 것이라고 생각합니다. 그러니까 우리가 기만당해

41 엔뒤미온은 매우 아름다운 청년이었으나 그 상태로 영원한 잠에 빠져들었다.

42 기원전 500~428년경의 철학자. 97b-99c 참고.

43 한때 살았으나 죽은 것 이외의 다른 무언가로부터.

영원한 잠에 빠진 엔뒤미온

엔뒤미온은 아름다운 청년이었으나 달의 여신 셀레네가 그의 아름다움을 즐기려고 영원히 잠들게 했다. 이 동상은 스웨덴 구스타브 3세의 고미술 박물관에 있다. 2세기 초반.

서 이런 일들에 동의한 게 아닙니다. 다시 살아남과 산 사람이 죽은 자로부터 생겨남 그리고 망자의 영혼이 존재함은 사실이기 때문입니다."[44]

케베스가 답했습니다. "더욱이 오, 소크라테스여! 당신께 72e
서 종종 말씀하신 것처럼 우리에게 배움은 상기想起와 다름없다면, 우리는 지금 상기하는 바를 이전에 이미 배웠어야
합니다. 하지만 우리가 인간의 모습으로 생겨나기 전에 우리 73a
영혼이 어딘가에 존재하지 않았다면 이런 일은 불가능합니다. 따라서 이 논증에 따르면 영혼은 불사하는 무언가인 듯합니다."

이때 심미아스가 끼어들었습니다. "하지만 오, 케베스여! 이런 주장을 하는 근거가 뭔가? 나한테 상기시켜주게. 지금 나는 확실히 기억하지 못하기 때문이네."

케베스가 말했습니다. "다음처럼 아주 아름다운 논증이 있네. 즉, 질문자가 훌륭하게 질문하면 그 질문에 답하는 사람이 모든 것에 관해 사실대로 답할 거네. 하지만 답하는 사람 안에 지식과 올바른 논증이 존재하지 않는다면, 그는 제대로

44 사본에는 이 구절 다음에 "영혼이 사후에 존재하는 것이 선한 자들에게는 더 낫고 악한 자들에게는 더 나쁩니다"라고 되어 있지만, 슈탈바움Stallbaum과 버넷Burnet을 비롯한 주석가들은 문맥의 흐름상 해당 구절을 삭제했다.

73b 답할 수 없겠지. 그래서 누군가가 수학 도식이나 그런 종류의 다른 어떤 것을 제시하면[45] 그것이 사실임을 명백히 입증할 수 있다는 것이네."

소크라테스가 말했습니다. "오, 심미아스여! 이 논증이 납득되지 않는다면 다음을 검토하는 데 동의하는지 살펴보세요. 당신은 이른바 배움이 어떻게 상기인지 믿지 못하시나요?"

심미아스가 말했습니다. "아니요, 저는 그걸 의심하지는 않습니다. 하지만 제겐 지금 논의가 진행되는 것, 즉 상기됨이 필요합니다. 이미 케베스의 설명만 듣고도 어느 정도 기억했고 설득되었습니다. 그렇지만 당신께서 그것에 관해 어떻게 말씀하시는지 듣고 싶습니다."

73c 소크라테스가 말했습니다. "저는 다음과 같이 말하고자 했습니다. 만약 누군가 무언가를 상기하려면 그것을 이전에 이미 알고 있어야 한다는 데 우리는 동의했습니다."

"물론입니다."

"그러면 우리는 지식이 다음 방식으로 생겨날 때 그것이 상기라는 것에도 동의하나요? 가령 어떤 사람이 무언가를 보거나 듣거나 아니면 다른 어떤 감각으로 파악한다고 합시다.

45 《메논》 81a-86c.

그는 이 대상만을 알게 되는 게 아닙니다. 동일한 지식이 아니라 다른 지식의 대상인 무언가를 생각합니다. 이 경우에 그가 생각한 바를 상기했다고 말할 수 있지 않나요?"

"그게 무슨 말씀인가요?" 73d

"이를테면 사람에 대한 지식은 뤼라에 대한 지식과 다르지요?"

"물론입니다."

"사람들은 사랑하던 연인이 사용한 뤼라나 외투 또는 다른 무언가를 볼 때 다음과 같은 경험을 합니다. 당신도 이를 아시지요? 그러니까 그들은 뤼라를 보면서 그 뤼라의 주인인 연인의 모습을 마음속에 떠올리지 않나요? 그게 바로 상기입니다. 마찬가지로 어떤 이는 심미아스를 보고 종종 케베스를 상기합니다. 이런 경우가 많을 겁니다."

심미아스가 말했습니다. "제우스께 맹세컨대, 헤아릴 수 없이 많습니다."

소크라테스가 말했습니다. "위와 같은 것이 일종의 상기이 73e
겠지요? 특히 어떤 사람이 시간이 많이 흐르고 부주의해서 이미 망각한 것인데 이런 경험을 한다면 더욱 그렇겠지요?"

심미아스가 말했습니다. "물론입니다."

소크라테스가 말했습니다. "이건 어떤가요? 말이나 뤼라

뤼라 연주자

뤼라를 보면서 그 뤼라의 주인인 연인의 모습을 떠올리는 것을 상기라고 한다. 도자기 그림. 기원전 440~430년경.

그림을 보고 사람을 상기하고, 심미아스 그림을 보고 케베스를 상기하는 일이 가능한가요?"

"물론입니다."

"그러면 심미아스 그림을 보고 심미아스 자신을 상기하는 일도 가능한가요?"

"물론 그럴 수도 있습니다." 74a

"이 모든 것을 고려하건대, 상기는 비슷한 것들에서 비롯되는 경우도 있지만, 비슷하지 않은 것들에서 비롯되는 경우도 있다는 결론이 나오지 않나요?"

"그런 결론이 나옵니다."

"하지만 비슷한 것들에서 무언가를 상기할 때는 필연적으로 이런 경험을 하지 않나요? 즉, 비슷함에서 그것이 상기되는 대상에 못 미치는지 아닌지 따져보는 것 말입니다."

심미아스가 말했습니다. "당연히 그렇지요."

소크라테스가 말했습니다. "그렇다면 다음이 사실인지 살펴보세요. 우리는 같음이 존재한다고 말합니다. 제 말은 막대기가 다른 막대기와 같다거나 돌이 다른 돌과 같다는 게 아닙니다. 이것과는 다른 무언가, 즉 같음 그 자체가 존재한다는 것입니다. 이러한 무언가가 존재한다고 말해도 될까요, 아닌가요?"

74b 심미아스가 말했습니다. "제우스께 맹세컨대, 단연코 우리는 그런 것이 존재한다고 말해야 합니다."

"우리는 그게 무엇인지도 아나요?"

"물론입니다."

"우리는 그 지식을 어디에서 얻었나요? 지금 이야기한 것들이 아닌가요? 즉, 막대기나 돌이나 다른 무언가가 같은 것을 보고 이로부터 같음 그 자체를 떠올리게 된 것 아닌가요? 같음은 이런 것들과 다르지만요. 아니면 그것이 당신에게는 다른 것으로 보이지 않나요? 다음과 같이 살펴보세요. 같은 돌들과 같은 나무들은 같은 것들이면서도 어떤 때는 같아 보이고 다른 때는 달라 보이지 않나요?"

"물론입니다."

74c "그렇다면 이건 어떤가요? 당신에게 같음 그 자체가 같지 않은 것으로 보이거나 같음이 같지 않음으로 보이는 게 가능한가요?"

"아닙니다. 결코 그렇지 않습니다, 오, 소크라테스여!"

소크라테스가 말했습니다. "그렇다면 같은 것들과 같음 자체는 동일하지 않습니다."

"저한테는 결코 동일하지 않은 것으로 보입니다, 오, 소크라테스여!"

"그런데 같은 것들이 같음과는 다른데도, 당신은 같은 것들에서 같음에 관한 지식을 깨닫고 획득하게 되었지요?"

"맞습니다."

"그것이 같은 것들과 비슷하든 비슷하지 않든 말이지요?"

"물론 그렇습니다."

"하지만 그건 상관없습니다. 당신이 어떤 것을 보고 그리 74d
하여 다른 무언가를 떠올리는 한 말입니다. 비슷하든 비슷하지 않든 필연적으로 상기입니다."

"물론입니다."

"이건 어떤가요? 막대기와 지금 이야기한 같은 것들에 관해 우리는 다음의 경험을 하지요? 이것들은 같음 그 자체와 동일한 방식으로 같다고 생각하나요? 아니면 같음과 같아지기에는 뭔가 부족하거나 아니면 전혀 못 미치나요?"

"훨씬 못 미칩니다."

"우리는 다음에 동의하나요? 누군가 무언가를 보고 '내가 지금 보고 있는 것은 존재하는 다른 무언가와 닮고자 하지만 이에 미치지 못하고 그와 같을 수 없으며 더 열등하다'라고
생각하는 겁니다. 이때 그 사람은 자신이 닮고자 하지만 못 74e
미치는 대상을 미리 알고 있어야 한다는 것 말입니다."

"예, 그래야겠지요."

"그러면 우리는 같은 것들과 같음 자체와 관련해서 그와 동일한 경험을 했습니다. 그렇지 않나요?"

"물론 우리는 그런 경험을 했습니다."

75a "그렇다면 우리는 같은 것들을 보고 '이 모든 것은 같음을 닮고자 하지만 이에 미치지 못한다'라고 처음 생각할 때, 이미 그 이전에 틀림없이 같음을 알고 있었을 것입니다."

"그렇습니다."

"하지만 우리는 보거나 만지거나 다른 어떤 감각—저는 이 모든 감각을 동일한 것으로 간주합니다—이외의 다른 경로로 그것을 깨닫지 않았고 깨달을 수도 없다는 점에 동의합니다."

"오, 소크라테스여! 적어도 논증에서 밝히고자 하는 것과 관련해서는 모든 감각은 동일합니다."

75b "그러면 우리는 감각 영역에 속하는 모든 대상이 같음처럼 되기를 원하지만, 이에 못 미친다는 것을 감각을 통해서 깨닫는다고 이야기할 수 있겠지요?"

"그렇습니다."

"아마도 우리는 보고 듣고 다른 감각을 사용하기 이전에, 먼저 같음 자체가 무엇인지 그 지식을 어딘가에서 획득한 적이 있어야 합니다. 우리가 감각으로 지각하는 같은 것들을 같음과 비교하면서, 이들 모두는 같음과 닮고자 하지만 이보다 열등하다고 말할 수 있으려면 말입니다."

"지금까지 논의한 대로라면 필연적으로 그렇습니다, 오, 소크라테스여!"

"그런데 우리는 태어나자마자 보고 듣고 그 밖의 다른 감각을 사용하지 않나요?"

"물론입니다."

"그렇다면 우리는 이 모든 것에 앞서 같음에 대한 지식을 75c
가졌음이 틀림없습니다."

"예."

"그리고 그 지식은 우리가 태어나기 전에 획득했겠지요?"

"그런 것 같습니다."

"우리가 태어나기 전에 그 지식을 획득해서 이미 가진 채로 태어난다면, 태어나기 전에 그리고 태어나자마자 같음 자체뿐만 아니라 더 큼과 더 작음 같은 것도 알고 있었겠지요?
왜냐하면 지금 우리의 논의는 같음에 못지않게 아름다움 자 75d
체와 좋음 자체, 그리고 올바름과 경건함에 대한 것이며, 말하자면 우리가 질문하고 답할 때 '존재하는 바'[46]라고 명명

46 또는 '어떠어떠한 바'.

할 수 있는 모든 것을 관통하기 때문입니다. 그러니까 우리는 태어나기 전에 이 모든 지식을 이미 획득했음에 틀림없습니다."

"그렇습니다."

"우리가 이런 지식을 획득하고 잊어버리지 않는다면, 항상 이것들을 아는 상태로 태어나 일생 동안 알 겁니다. 왜냐하면 안다는 것은 어떤 지식을 획득한 후 이를 잃지 않고 유지하는 것이기 때문입니다. 오, 심미아스여! 우리는 지식을 잃는 것을 망각이라고 부르지 않나요?"

75e "물론입니다, 오, 소크라테스여!"

"제가 생각하기에, 우리가 태어나기 전에 지식을 획득했다가 태어날 때 그것을 완전히 잊어버리지만 나중에 감각을 활용해서 이전에 가졌던 지식을 다시 회복한다면, 우리가 '배움'이라고 부르는 것은 본래의 지식을 회복하는 일이 아닐까요? 그러니 배움을 '상기'라고 부르는 게 옳지 않을까요?"

"물론 그렇게 불러야 합니다."

76a "그렇습니다. 보거나 듣거나 다른 어떤 감각 정보를 획득해서 무언가를 감각하고서, 이로부터 망각했던 다른 무언가—닮은 것이든 닮지 않은 것이든—를 떠올리는 일이 가능하다는 게 분명해졌으니까요. 그러니까 제가 말씀드렸듯이

둘 중 하나가 진실입니다. 즉, 우리가 이런 것들을 아는 상태로 태어나 평생 그 지식을 가지거나, 아니면 우리가 '배운다'고 말하는 사람들은 나중에 상기해내는 것뿐이고 배움이란 상기일 것입니다."

"정말로 그렇습니다, 오, 소크라테스여!"

"오, 심미아스여! 당신은 무엇을 선택하시겠습니까? 우리
가 아는 상태로 태어날까요, 아니면 이전에 가졌던 지식을 나 76b
중에 상기해낼까요?"

"오, 소크라테스여! 지금으로서는 어느 쪽을 선택해야 할지 모르겠습니다."

"이건 어떤가요? 당신은 선택할 수 있고, 그에 관한 어떤 견해를 가지고 있습니다. 즉, 지식을 가진 사람은 자신이 알고 있는 바를 설명할 수 있습니까, 없습니까?"

"당연히 설명할 수 있어야겠지요, 오, 소크라테스여!"

"우리가 지금 논의한 내용들을 모든 사람이 설명할 수 있다고 생각하시나요?"

심미아스가 말했습니다. "그럴 수 있으면 좋겠습니다. 하지만 내일 이맘때면 그것을 제대로 설명할 수 있는 사람이 아무도 없게 되지나 않을까 두렵습니다."

소크라테스가 말했습니다. "오, 심미아스여! 당신은 모든 76c

사람이 그것을 알고 있지는 않다고 생각하시는군요."

"결코 아니지요."

"그러면 그들은 언젠가 배운 것을 상기해내나요?"

"필연적으로 그렇습니다."

"우리 영혼은 언제 이런 것들을 알게 되나요? 우리가 사람으로 태어난 이후는 아닐 테지요?"

"물론 아니지요."

"그렇다면 그보다 이전이겠군요."

"예."

"그러면 오, 심미아스여! 우리 영혼은 인간의 모습으로 있기 전에도 존재했습니다. 육체에서 분리되어 현명함을 가지면서 말입니다."

"우리가 태어나는 동시에 지식을 획득하는 게 아니라면 그렇겠지요, 오, 소크라테스여! 그때[47]가 남으니까요."

76d "자, 그러면 오, 친구여! 우리가 언제 그 지식을 잃습니까? 왜냐하면 지금 우리가 동의한 것처럼, 우리는 이런 지식을 가진 상태로 태어나지 않기 때문입니다. 우리가 이 지식을 획득하는 바로 그 순간 잃나요? 아니면 다른 어떤 때인지 말씀해

47 출생 이전.

주실 수 있나요?"

"아닙니다, 오, 소크라테스여! 제가 말도 안 되는 소리를 하고 있음을 깨닫지 못했습니다."

"오, 심미아스여! 사실이 이런 건가요? 우리가 항상 되풀이해서 이야기하던 것, 즉 아름다움과 좋음 그리고 이런 모든 실체가 존재한다면, 그리고 우리가 감각으로부터 비롯하는 모든 것을 이 실체와 참조하고 비교함으로써 이전에 우리 소 76e
유였던 것을 다시 발견한다면, 이런 것들[48]이 존재하는 것과 마찬가지로 우리 영혼도 우리가 출생하기 전에 존재해야 합니다. 하지만 이들이 존재하지 않는다면, 우리의 논의는 쓸모없어지겠지요? 이들이 존재하고 우리 영혼도 우리가 출생하기 전에 존재하는 것이 필연적인가요? 또 이들의 존재가 필연적이지 않다면 영혼 역시 그렇지 않은가요?"

심미아스가 말했습니다. "오, 소크라테스여! 제가 생각하기에는 둘 다 필연적으로 존재함이 아주 분명해 보입니다. 또
우리 논증은 우리가 출생하기 전에 영혼이 존재했고 당신께 77a
서 지금 말씀하시는 실체도 존재한다는 아름다운 결론으로 귀결됩니다. 왜냐하면 이러한 모든 것, 즉 아름다움, 좋음 그

48 아름다움, 좋음 등의 이데아.

리고 당신께서 지금 말씀하신 다른 모든 것이 존재한다는 것보다 명백한 게 없기 때문입니다. 적어도 제가 생각하기에는 이 내용이 충분히 입증된 듯합니다."

소크라테스가 말했습니다. "케베스는 어떻게 생각할까요? 그도 설득해야 하니까요."

"그에게도 충분히 증명되었을 겁니다. 비록 그는 어느 누구보다 논증을 의심하는 완고한 사람이지만 말입니다. 제 생각에는 우리가 태어나기 전에 영혼이 존재했다는 사실도 충
77b 분히 납득한 것 같습니다. 하지만 우리가 죽은 다음에도 영혼이 여전히 존재하는지는 증명되지 않아 보입니다." 심미아스가 계속 말했습니다. "오, 소크라테스여! 조금 전에 케베스가 말한 두려움[49]이 여전히 남아 있습니다. 사람이 죽을 때 영혼이 흩어지는 게 그 존재의 최후가 아닐까 하는 많은 이의 두려움 말입니다. 영혼이 다른 어딘가에서 결합되어 생성되고 사람의 몸에 들어오기 전에도 존재하지만, 몸에 들어왔다가 다시 분리될 때는 파괴되어 최후를 맞이하지 않으리라는 법이 있겠습니까?"

77c 케베스가 말했습니다. "오, 심미아스여! 옳은 지적이네. 내

49 70a.

생각에는 증명해야 할 것 중 절반, 즉 우리가 태어나기 전에 영혼이 존재한다는 것만 증명된 듯하거든. 증명이 완결되려면 출생 전 못지않게 우리가 죽은 후에도 영혼이 존재한다는 것을 증명해야 한다네."

소크라테스가 말했습니다. "그건 이미 증명했습니다, 오, 심미아스와 케베스여! 만약 당신들이 이 논증에 앞서 우리가 동의했던 것—즉, 살아 있는 모든 것은 죽은 것에서 생겨난다—과 결합하려고 한다면 말입니다. 영혼이 출생 이전에도 77d
존재한다면, 또 그것이 삶으로 들어와 태어나는 게 다름 아니라 죽음과 죽어 있음으로부터라면, 사후에도 필연적으로 존재하지 않겠습니까? 왜냐하면 다시 태어나야 하니까요. 그러니까 지금 두 분의 말은 이미 증명되었습니다. 하지만 저는 당신과 심미아스가 기꺼이 이 논증을 더 철저히 검토하고 싶어 한다고 생각합니다. 당신들은 마치 아이들처럼 영혼이 몸 밖으로 빠져나가면 바람에 흩어져 소멸하지나 않을까 두려워하고 있습니다. 특히 고요한 날이 아니라 강풍이 부는 날에 77e
죽기라도 한다면 말이지요."

그러자 케베스가 웃으면서 말했습니다. "그러면 오, 소크라테스여! 우리를 안심시켜주세요. 우리가 그런 두려움을 갖고 있다고 생각하면서, 아니면 우리 자신이 아니라 우리 안에 그런 일을 두려워하는 어떤 아이가 도사리고 있다고 생각하면서, 그 아이가 죽음을 망태 할아버지[50]처럼 여기고 두려워하지 않도록 설득해주세요."

소크라테스가 말했습니다. "당신들은 그 아이가 두려움을 떨쳐버리도록 매일 주문을 외워주어야 할 겁니다."

78a 케베스가 말했습니다. "오, 소크라테스여! 당신께서 우리를 떠나시는데 어디서 그런 주문을 외워줄 훌륭한 주술사를 찾겠습니까?"

소크라테스가 말했습니다. "오, 케베스여! 헬라스는 넓으니까 훌륭한 사람들이 어딘가에 있을 겁니다. 또 이방 종족도 많고요. 훌륭한 주술사를 찾으려면 모든 종족을 샅샅이 뒤져야 합니다. 돈이나 수고도 아끼면 안 되고요. 돈을 쓰기에 이보다 더 알맞은 대상은 없을 테니까요. 하지만 당신들 스스로도 찾도록 애써야 합니다. 아마도 당신들보다 이 일을 더 잘할 수 있는 사람을 찾기란 쉽지 않을 겁니다."

78b 케베스가 말했습니다. "물론 그렇게 하겠습니다. 원하신다면 논의하다가 중단한 주제로 다시 돌아가시지요."

"물론 원합니다. 그렇지 않을 리가 있겠습니까?"

50 mormō 또는 mormolykē는 버릇없는 아이들을 혼내는 도깨비를 말한다.

케베스가 말했습니다. "좋습니다."

소크라테스가 말했습니다. "그러면 우리가 다음과 같이 스스로에게 질문해야 하지 않을까요? 흩어져 사라지는 일을 겪는 게 어떤 대상에 적합할까요? 그러니까 혹시라도 이런 일을 겪을까 봐 우리가 두려워하는 것은 어떤 종류의 대상이고, 그렇지 않은 것은 또 어떤 종류의 대상인가요? 다음으로 영혼이 둘 중 어디에 속하는지 검토하고, 그것을 토대로 우리 영혼에 확신을 가지든 두려워하든 해야겠지요."

케베스가 말했습니다. "옳은 말씀입니다."

"결합된 것 그리고 본성상 합성된 것은 결합되었다는 점에 78c
서 다시 분리되는 게 합당합니다. 반면 결합된 것이 아니라면 — 그런 게 있다면 말입니다 — 분리되는 일을 겪지 않아야 합당하겠지요?"

케베스가 말했습니다. "예, 그렇다고 생각합니다."

"항상 동일하고 불변하는 것은 결합되지 않은 것이고, 때에 따라 달라지고 결코 동일하지 않은 것은 결합된 것이겠지요?"

"그렇다고 생각합니다."

"앞선 논의[51]로 돌아가봅시다. 우리가 묻고 답하면서 무엇 78d

51 74a–77a.

인지 규정하고자 하는 실체 자체는 항상 불변하고 동일한가요, 아니면 때에 따라 달라지나요? 같음 자체, 아름다움 자체 그리고 존재하는 각각의 실재 그 자체가 혹시라도 어떤 변화를 받아들이나요? 아니면 각각의 존재하는 것[52]은 항상 그 자체로 한결같고 동일하며, 어느 때나 어떤 관점으로도 변화를 허용하지 않나요?"

케베스가 말했습니다. "한결같고 그 자체로 변함없음이 필연적입니다, 오, 소크라테스여!"

"많은 것들, 가령 사람이나 말, 외투 같은 것들은 어떤가
78e 요? 아니면 같은 것들, 아름다운 것들 또는 우리가 언급한 것들[53]과 동일한 이름을 가지는 모든 것은요? 이것들은 변함없나요, 아니면 그런 것들과는 정반대로 자기 자신에게도 서로에게도 결코 동일하지 않나요?"

케베스가 말했습니다. "당신께서 말씀하시는 대로입니다. 이것들은 결코 한결같은 상태로 머물러 있지 않습니다."

79a "이것들은 당신이 만지고 보고 다른 감각을 통해 지각할 수 있습니다. 하지만 항상 동일한 것들은 사고를 통한 추론

52 또는 어떠어떠한 것.

53 '-자체'라고 일컬어질 수 있는 것들(즉, 이데아).

외에 다른 무엇으로도 파악할 수 없습니다. 이 대상들[54]은 눈에 안 보이는 비가시적인 것 아닌가요?"

"당신 말씀이 전적으로 옳습니다."

"이렇게 생각해볼까요? 존재하는 두 종류가 있는데, 하나는 가시적이고 다른 하나는 비가시적이라고 말입니다."

케베스가 말했습니다. "그렇다고 하시지요."

"비가시적인 것은 항상 동일한 상태이지만, 가시적인 것은 결코 동일하지 않지요?"

"그렇다고 하시지요."

소크라테스가 말했습니다. "우리 자신 중 어떤 부분은 육 79b
체이고 다른 부분은 영혼 아닌가요?"

"그렇습니다."

"육체는 그중 어느 쪽에 가깝고 더 닮았나요?"

"그거야 삼척동자도 알지요. 육체는 가시적인 것과 닮았습니다."

"영혼은 어떤가요? 영혼은 가시적인가요, 비가시적인가요?"

"적어도 사람 눈에는 보이지 않습니다, 오, 소크라테스여!"

"그런데 우리는 인간 본성과 관련해서 가시적이냐 비가시

54 항상 동일한 것들, 즉 이데아들.

적이냐를 논의했습니다. 아니면 다른 어떤 것과 관련해서 논의했나요?"

"아닙니다. 인간 본성과 관련해서였습니다."

"영혼은 어떤가요? 영혼은 가시적인가요, 비가시적인가요?"

"영혼은 가시적이지 않습니다."

"그러면 비가시적이지요?"

"예."

"그렇다면 영혼은 육체보다 비가시적인 것과 닮았습니다. 반면 육체는 가시적인 것과 유사합니다."

79c "오, 소크라테스여! 필연적으로 그렇습니다."

"우리는 한참 전에 이렇게 이야기했지요?[55] 영혼이 무언가를 탐구하는 수단으로 육체를 이용할 때, 즉 보거나 듣거나 다른 감각을 활용해서 탐구할 때 그 영혼이 육체 때문에 한결같지 않은 대상으로 이끌리게 된다고 말입니다. 왜냐하면 몸을 통해 무언가를 탐구하는 일은 감각 지각을 거쳐 그렇게 하는 것이니까요. 또 이런 대상을 접촉할 때 영혼은 방황하고 동요하며 마치 술 취한 것처럼 어지러워하겠지요?"

"물론입니다."

55 65a–67b.

"그런데 영혼이 홀로 탐구할 때는 순수하고 항상 존재하며 불사하고 한결같은 대상을 향합니다. 영혼은 이런 대상과 동류이기 때문에, 홀로 있을 때 방해받지 않으면 이런 대상과 늘 함께합니다. 이런 대상[56]을 붙들고 있을 때 영혼은 방황을 멈추며 항상 동일하고 불변합니다. 자신과 유사한 대상과 연합하니까요. 영혼의 이런 상태를 '현명함'이라고 하지요?" 79d

케베스가 말했습니다. "전적으로 훌륭하고 옳은 말씀입니다, 오, 소크라테스여!"

"그러면 앞서 말한 것과 지금 논의한 것을 토대로 당신은 79e
영혼이 어느 쪽과 더 유사하다고 생각하시나요?"

"제가 생각하기에 오, 소크라테스여! 이런 방식으로 탐구하면 아무리 더디 배우는 사람이라도 영혼이 항상 한결같은 것과 더 유사함을 인정할 겁니다."

"육체는 어떤가요?"

"다른 쪽과 유사합니다."

"다음과 같이 살펴봅시다. 영혼과 육체가 한곳에 있을 때,
자연이 육체에는 종노릇하며 다스림을 받도록 명령하고, 영 80a
혼에는 다스리며 주인 노릇을 하라고 명령합니다. 이렇게 볼

56 불변하는 대상, 즉 이데아.

때 당신은 어느 쪽이 신적인 것과 유사하다고 생각하시나요? 또 어느 쪽이 사멸하는 것과 유사하다고 생각하시나요? 신적인 것은 본성상 다스리고 이끄는 데 적합하며, 사멸하는 것은 다스림을 받고 종노릇하는 데 적합하다고 생각하지 않으시나요?"

"그렇다고 생각합니다."

"영혼은 어느 쪽과 닮았습니까?"

"오, 소크라테스여! 명백히 영혼은 신적인 것과 닮았고 육체는 사멸하는 것과 닮았습니다."

"그러면 오, 케베스여! 지금까지 논의한 모든 이야기에서
80b 다음과 같은 결론을 도출할 수 있는지 살펴보세요. 즉, 영혼은 신적이고 불사하며 지성으로 파악되고 단일하며 분해 불가하고 항상 자신과 동일한 상태인 것과 닮았습니다. 반대로 육체는 인간적이고 사멸하며 여러 형태이고 지성적이지 않으며 분해 가능하고, 결코 자신과 동일한 상태가 아닌 것과 닮았습니다. 오, 친애하는 케베스여! 이 내용이 사실이 아니라고 주장할 수 있나요?"

"없습니다."

"이건 어떤가요? 이 모든 것이 사실이라면 육체는 쉽게 분해되는 부류에 속하고, 영혼은 결코 분해되지 않거나 이와 가

까운 무언가가 아니겠습니까?"

"예, 물론입니다." 80c

소크라테스가 말했습니다. "사람이 죽을 때 가시적인 부분, 즉 육체는 이런 일[57]을 곧바로 겪지는 않고 꽤 오랜 시간 동안 보존됩니다. 우리는 이를 시체라고 부르는데, 이는 가시적 영역에 속하며 분해 가능하고 분리되어 바람에 흩어질 부분입니다. 특히 건강한 상태로 사망하거나 꽃다운 나이에 요절하는 경우에 더욱 그렇습니다. 이집트의 미라처럼 몸이 쪼그라들어 방부 처리가 되면 놀랄 만큼 오랜 시간 동안 거의
온전한 상태로 보존됩니다. 그리고 설령 몸의 일부가 썩는다 80d
고 해도 뼈와 힘줄 같은 것은 불사합니다. 그렇지 않나요?"

"그렇습니다."

"그러면 고결하고 순수하며 비가시적인 저세상, 즉 참된 의미의 하데스[58]에 가게 되는 영혼이 육체에서 분리될 때 많은 사람이 이야기하듯 즉시 바람에 흩어져 소멸할까요? 하데스는 훌륭하고 현명한 신께서 거하는 곳이며 신께서 원하
시면 제 영혼도 곧 가게 될 곳이지요. 오, 친애하는 케베스와 80e

57 분해되고 바람에 흩어지는 일.

58 소크라테스는 하데스Haides와 아이데스aides(비가시적인) 사이의 유사성이 존재한다고 전제한다.

심미아스여! 결코 그렇지 않습니다. 오히려 진실은 이러합니다. 영혼이 일생 동안 육체와 어울리지 않은 채 자신에게 몰입하는 일을 늘 수행하다가 순수한 상태로 분리되었다고 가정해봅시다. 이런 영혼은 철학을 올바르게 추구하는 것만 행
81a 합니다. 진실로 죽음을 연습하는 것이지요. 이는 죽음의 연습이 아니겠습니까?"

"물론 그렇습니다."

"그러니까 이와 같은 상태의 영혼은 자신과 유사한 것, 즉 비가시적이고 신적이며 불사하고 현명한 것에게로 떠나지 않겠습니까? 그곳에 이르면 방황이나 무지, 두려움, 야만적 욕망과 다른 인간적 해악에서 해방되어 행복해지고, 신비 의식에 입문한 자들에 대해 이야기하듯 진정으로 신들과 함께 여생을 보내지 않을까요? 오, 케베스여! 우리가 이렇게 이야기하나요, 아닌가요?"

케베스가 말했습니다. "제우스께 맹세컨대, 우리는 그렇게 이야기할 겁니다."

81b "그런데 영혼이 육체와 함께하면서 그 시중을 들고 육체를 사랑하며 육체적 욕망과 쾌락에 미혹되어 있어서 오염되고 불순한 상태로 육체에서 분리된다고 가정해봅시다. 이 경우에 영혼은 물질적인 것, 즉 만지거나 보거나 먹고 마시거

나 아니면 성적 만족을 위해 사용되는 것 외에 어떤 것도 참되지 않다고 생각하면서, 시각적으로 불명확하고 비가시적이지만 지성적 사고를 통해 인식되고 철학으로 파악되는 대상을 싫어하고 두려워하며 기피하는 데 익숙합니다. 당신은 이 81c
런 상태의 영혼이 그 자체로 순수하게 분리될 것이라고 생각하시나요?"

"결코 그렇지 않겠지요."

"제 생각에는 오히려 육체의 어울림과 교제가 물질적 요소를 영혼 본성의 한 부분으로 만들어 결국 물질적 요소가 영혼 구석구석으로 스며들 겁니다. 육체가 항상 영혼과 함께하면서 많은 돌봄을 요구하니까요."

"물론입니다."

"한편 오, 친구여! 우리는 이런 물질적인 것을 짐스럽고 무거우며 지상적이고 가시적이라고 간주해야 합니다. 영혼은 물질적 요소를 가짐으로써 무거워지며, 비가시적인 것과 저세상에 대한 두려움 때문에 가시적 영역으로 다시 끌려 내려
옵니다. 말하자면 영혼은 묘비와 무덤 근처를 배회하는데, 이 81d
것들 주위에는 영혼의 그림자 같은 환영이 목격된답니다. 이는 순수한 상태로 육체에서 분리되지 못하고 가시적인 것에 연루되었다가 육체를 이탈한 영혼이 만들어내는 모습이며,

그렇기 때문에 눈에 보이기까지 합니다."

"그런 것 같습니다, 오, 소크라테스여!"

"물론 그런 것 같을 테지요, 오, 케베스여! 이는 결코 훌륭한 이들의 영혼이 아니라 저열한 자들의 영혼입니다. 그래서 그런 곳에 출몰하면서 이전의 나쁜 삶에 대한 죗값을 치르는
81e 겁니다. 더구나 이런 영혼은 자신을 따라다니는 것, 즉 물질적인 것을 추구하는 욕망으로 인해 떠돌면서 다시 육체에 갇힐 때까지 방황합니다. 아마도 이들은 사는 동안 가졌던 습성에 다시 묶일 겁니다."

"무슨 습성을 말씀하시는 건가요? 오, 소크라테스여!"

"이를테면 탐식이나 방탕, 폭음에 탐닉하면서 삼가지 않았
82a 던 자들은 당나귀 같은 짐승의 몸을 입게 될 것입니다. 그렇게 생각하지 않으십니까?"

"아주 합당한 말씀입니다."

"그렇습니다. 또 불의와 독재, 강탈을 좋아하던 자들은 늑대나 매, 솔개의 몸속에 들어갈 겁니다. 그런 영혼이 다른 어떤 몸에 들어간다고 말하겠습니까?"

"의심의 여지 없이 그런 몸으로 들어가겠지요."

"다른 영혼들도 자신이 행한 대로 다른 어딘가로 가게 되겠지요?"

"그렇습니다."

소크라테스가 말했습니다. "이들 중 가장 좋은 곳으로 가는 가장 행복한 자는 절제와 정의라고 일컬어지는 공공의 시 82b
민적 덕—이는 습관과 훈련을 통해 생겨나지만 철학과 지성은 결여합니다—을 연마한 자들 아니겠습니까?"

"어떤 점에서 이들이 가장 행복한가요?"

"이들은 자신처럼 시민적이고 온순한 종, 즉 꿀벌이나 말벌 또는 개미가 될지도 모릅니다. 아니면 동일한 부류, 즉 인간 종족으로 돌아갈 것이고, 이들에게서 절도 있는 사람들이 태어날 것이기 때문입니다."

"그럴 것 같습니다."

"그러나 지혜를 사랑하지 않고 완전히 정화되지 않은 채 82c
세상을 하직하는 자는 신들께 이를 수 없을 겁니다. 오직 배움을 사랑하는 자만이 그곳에 이를 수 있지요. 이런 이유로 오, 친애하는 심미아스와 케베스여! 올바르게 지혜를 사랑하는 자들은 온갖 육체적 욕망을 멀리하고 욕망에 굴복하지 않은 채 굳건히 맞섭니다. 그건 그들이 돈을 사랑하는 많은 이들처럼 가산의 탕진이나 빈곤을 두려워해서가 아닙니다. 또 권력이나 명예를 사랑하는 자처럼 불명예와 부패했다는 오명을 두려워해서 육체적 욕망을 멀리하는 것도 아닙니다."

케베스가 말했습니다. "오, 소크라테스여! 그런 일은 합당하지 않습니다."

82d 소크라테스가 말했습니다. "제우스께 맹세컨대, 그렇습니다. 이 때문에 오, 케베스여! 자기 영혼은 돌보지만 육체를 가꾸지 않은 사람은 위와 같은 이들 모두와 이별하고 이들과 같은 길을 가지 않습니다. 저들은 자신이 어디로 가는지 알지 못하니까요. 반대로 자기 영혼을 돌보는 사람은 지혜에 대한 사랑과 지혜에 대한 사랑을 통한 해방과 정화 의식에 반하는 일을 행하면 안 된다고 믿습니다. 그래서 지혜에 대한 사랑이 어디로 인도하든 따릅니다."

"어떻게 말입니까? 오, 소크라테스여!"

82e "말씀드리겠습니다. 배움을 사랑하는 자들은 지혜에 대한 사랑이 그의 영혼을 사로잡을 때, 자신의 영혼이 육체에 단단히 결박된 채 갇혀 있어 마치 감옥 쇠창살을 통해 그리하듯 육체를 통해 존재하는 대상들을 탐구해야 하며, 영혼 자신을 통해 탐구할 수 없으므로 완전한 무지에 빠져 있다는 것을 깨닫습니다. 또 배움에 대한 사랑은 감옥의 무서운 점이 욕망을 통해 작동한다는 것을, 무엇보다 결박당한 사람 자신이 결박의 공모자라는 것을 간파합니다.

83a 그러니까 제 말은 배움을 사랑하는 자들은 배움에 대한 사

랑이 이런 상태의 영혼을 사로잡아 부드럽게 설득하고 해방시키려 함을 안다는 겁니다. 눈을 통한 탐구는 기만으로 가득하며 귀나 다른 감각을 통한 탐구 또한 기만적이라는 것을 보이면서, 꼭 필요한 경우가 아니라면 이런 감각을 멀리하도록 영혼을 설득하지요. 또 영혼을 독려해서 자기 자신에게 결집하고 몰두하게 하며, 존재하는 것들 가운데 무언가를 영혼이 그 자체로 사고할 때는 자신 이외의 것들은 신뢰하지 않
도록 합니다. 또한 배움을 사랑하는 자들은 지혜에 대한 사랑 83b
이 위와 다른 방식으로 탐구하고 상황에 따라 달라진다면 참된 것으로 간주하지 않습니다. 이런 대상은 감각적이고 가시적인 반면 영혼 자체가 파악하는 대상은 지성적이고 비가시적인 대상이라고 생각하도록 영혼을 독려합니다.

참되게 지혜를 사랑하는 자의 영혼은 [육체로부터의] 해방에 저항하면 안 된다고 생각하기 때문에 쾌락과 욕망, 고통, 두려움을 되도록 멀리합니다. 왜냐하면 누군가 지나치게 즐거워하거나 두려워하거나 고통스러워하거나 그렇지 않으면 강렬한 욕망을 느낄 때는, 이로 인해 병들거나 재산을 소진하는
차원을 넘어 가장 크고 극심한 해악을 입으면서도 이를 헤아 83c
리지 못하기 때문입니다."

"가장 크고 극심한 해악이라는 게 뭔가요? 오, 소크라테

스여!"

"모든 사람의 영혼이 무언가에 강렬한 쾌락이나 고통을 겪으면 그 순간 이런 정서를 야기하는 것이야말로 가장 분명하고 참되다고 믿는 것 말입니다. 사실은 그렇지 않은데도요. 그런데 이런 대상은 특히 가시적입니다. 그렇지 않습니까?"

"물론입니다."

83d "영혼이 육체에 가장 단단히 결박되는 것은 이런 경험을 할 때가 아닌가요?"

"어째서 그렇지요?"

"모든 쾌락과 고통은 마치 못처럼 육체에 영혼을 고정시켜 영혼을 물질적인 것으로 만들기 때문입니다. 그래서 육체가 무엇을 말하든 영혼이 그것을 진실이라고 생각하게 합니다. 제가 생각하기에, 영혼이 육체와 같은 견해를 가지고 같이 즐거워하며 육체와 같은 습성을 갖게 되면, 정화된 상태로 저세상에 가지 못합니다. 오히려 영혼은 매번 육체에 오염된 채
83e 세상을 하직하여, 곧바로 다른 몸으로 다시 들어가 마치 씨 뿌려진 것처럼 뿌리를 내리게 됩니다. 이 때문에 영혼은 신적이고 순수하며 단일한 것과 교제할 수 없습니다."

케베스가 말했습니다. "정말로 옳은 말씀입니다, 오, 소크

라테스여!"

"이런 이유로 올바르게 배움을 사랑하는 이는 절제하고 용감합니다. 대부분의 사람들이 주장하는 것과 같은 까닭 때문이 아니라요. 아니면 같은 까닭 때문에 그런 거라고 생각하십니까?"

"아니요, 물론 그렇게 생각하지 않습니다." 84a

"당연히 그렇지 않습니다. 지혜를 사랑하는 자의 영혼은 그렇게 추론하지 다음과 같이 생각하지는 않을 겁니다. 즉, 지혜에 대한 사랑이 영혼을 해방시켜야겠지만, 영혼이 해방되는 동안 영혼 자신은 쾌락과 고통에 굴복해서 육체에 다시 결박되어야 하며, 마치 짜놓은 직물을 다시 푸는 페넬로페처럼[59] 작업을 무한히 수행해야 한다고요. 오히려 지혜를 사랑하는 자의 영혼은 이런 쾌락들에서 평안을 얻습니다. 추론을 따르고 늘 추론에 몰두하며, 참되고 신적이며 한갓 믿음의 대상이 아닌 것을 관조하면서, 이를 자양분으로 삼아 사는 동안 84b
에는 이렇게 살아야 하고, 최후를 맞이하면 자신과 같은 부류이고 유사한 본성을 가진 것에게로 가서 인간적 해악에서 풀

59 오뒷세우스의 아내 페넬로페는 구혼자들을 물리치기 위해 낮에는 시아버지를 위한 수의를 짜고 밤에는 다시 푸는 작업을 반복했다. 《오뒷세이아》 2.92-105 참고.

려날 것이라고 생각하는 겁니다. 오, 심미아스와 케베스여! 이렇게 양육된 영혼은 육체에서 분리될 때 산산이 찢기고 바람에 흩어져서 사방으로 날아가버려 더 이상 아무 데도 남아 있지 않을까 두려워할 염려가 없습니다."

84c 소크라테스의 말이 끝나고 오랜 시간 침묵이 흘렀습니다. 소크라테스는 자기 논증에 푹 빠진 것 같았고, 우리 대부분도 그러했습니다. 하지만 케베스와 심미아스는 낮은 목소리로 이야기를 나누었습니다. 두 사람에게 소크라테스가 물었습니다.

"지금까지의 논의에 부족한 점이 있다고 생각하시나요?
하긴 충분히 검토해보면 많은 의혹과 반박의 여지가 여전히
남아 있을 겁니다. 만약 당신들이 다른 무언가를 검토하고 있
다면 저도 더 이상 할 말이 없습니다. 하지만 지금까지 논의
한 내용에 혹여 의문이 있으면 주저 말고 말씀해주세요. 이와
84d 관련해서 더 나은 논의를 할 수 있다고 생각하신다면. 또 당
신들이 느끼는 당혹스러움을 해결할 방안을 저와 함께 더 잘
찾을 수 있다고 생각하신다면 저도 대화에 끼게 해주세요."

그러자 심미아스가 말했습니다. "좋습니다, 오, 소크라테스여! 사실대로 말씀드리겠습니다. 저희는 한참 전부터 궁금한 점이 있어 당신께 질문을 드리라고 서로 떠밀면서 재촉하고 있었습니다. 하지만 답변을 듣길 간절히 원하면서도, 당신께

페넬로페와 구혼자들

페넬로페는 많은 구혼자들을 물리치기 위해 낮에는 시아버지를 위한 수의를 짜고 밤에는 이를 다시 풀었다. 영국 화가 존 윌리엄 워터하우스John William Waterhouse의 작품이다(1911~1912).

서 지금 곤경에 처하셨는데 혹여나 불편을 끼치지나 않을까 싶어서 주저했습니다."

이 말을 듣자 소크라테스가 온화하게 웃으면서 말했습니다. "아, 친애하는 심미아스여! 만약 제 자신의 현재 처지를 곤경으로 생각하지 않는다고 당신들을 설득하지 못한다면
84e 다른 사람들을 설득하기는 더 어려울 듯합니다. 당신들은 제가 과거의 삶보다 지금 더 불만족스러운 상황에 처해 있지나 않을까 우려합니다. 또 당신들은 아마도 제가 백조보다 예언 능력이 모자란다고 여기는 듯합니다. 백조는 평상시에도 노
85a 래하지만 죽어야 할 때를 지각하면 지금까지보다 훨씬 더 길고 아름답게 노래합니다. 자신들이 섬기는 신들 곁으로 떠나는 걸 기뻐하는 것이지요.

그런데도 사람들은 자신의 죽음을 두려워해서 백조에 관해서도 거짓말합니다. 백조가 세상을 떠나면서 노래하는 건 자기 죽음을 슬퍼하고 고통스러워하기 때문이라고요. 사람들은 어떤 새든 배고프거나 춥거나 다른 어떤 고통을 겪을 때 노래하지 않는다는 사실을 헤아리지 못합니다. 나이팅게일이나 제비, 후투티 그리고 고통스러워서 비탄의 노래를 부른다는 다른 새들도 마찬가지입니다.

85b 제가 보기에 이 새들과 백조는 고통스러워서 노래하는 게

아닙니다. 오히려 아폴론 신께 속하기에 예언 능력을 가지고 있어 저세상에서 좋은 일이 기다린다는 것을 알기에 노래하지요. 죽는 날에는 이전보다 더 즐거워하는 것이고요. 저 또한 백조와 동료이며 같은 신[60]께 봉헌된 사제이기도 합니다. 그렇기에 백조 못지않게 주인으로부터 예언 능력을 얻었으며, 백조보다 더 낙담한 채 생을 마감하는 것도 아니라고 생각합니다. 따라서 11인의 아테나이 사람들이 허락하는 한 당신들은 무엇이든 원하는 대로 말하고 질문해야 합니다."

심미아스가 말했습니다. "훌륭하신 말씀입니다. 제가 무엇 때문에 당혹스러워하는지 말씀드리겠습니다. 그리고 이 친 85c
구[61]도 자신이 어떤 점에서 앞선 논의를 받아들이지 않는지 말씀드릴 겁니다.

제가 생각하기에 오, 소크라테스여! 당신께서도 그러시겠지만, 저는 현재 생에서 이러한 일들을 명확하게 알기란 불가능하거나 매우 어려울 것이라고 생각합니다. 하지만 이에 관해 논의한 내용을 모든 관점에서 검토하고 모든 방법으로 샅샅이 따져보기 전에 포기하는 건 아주 나약한 사람들이나

60 아폴론.

61 케베스.

하는 일입니다. 이와 관련해서 둘 중 하나를 해야 하니까요. 먼저 사실이 어떠한지 배우고 발견해야 합니다. 아니면 이것 이 불가능하다면 사람의 이론 중 가장 논박하기 어렵고 최선
85d 인 것을 취해서 마치 뗏목인 양 그 위에 올라타서 인생의 험로를 항해해야 합니다. 신적 원리라는 더 튼튼한 배를 타고 더 안전하고 덜 위험하게 항해하는 일이 불가능하다면 말입니다.

그래서 지금 저는 질문하기를 부끄러워하지 않습니다. 당신께서도 그렇게 하라고 하셨고, 저도 지금 생각하는 바를 말하지 않으면 나중에 자책하게 될 테니까요. 오, 소크라테스여! 논의를 검토해보건대, 저 자신에게도 그리고 여기 있는 케베스에게도 아주 충분히 논의된 건 아니라고 생각합니다."

85e 소크라테스가 말했습니다. "오, 친구여! 아마도 당신 말씀이 옳은 것 같습니다. 그렇지만 정확히 어떤 점에서 논의가 충분하지 않았는지 말씀해주세요."

심미아스가 말했습니다. "다음과 같은 측면에서 논의가 불충분했다고 생각합니다. 우리는 뤼라와 그 현들의 조화(또는 화음)에 대해서도 동일하게 논의할 수 있습니다. 조율된 뤼라는 비가시적이고 비물질적이며 매우 아름답고 신적입니다.
86a 반면에 뤼라 자체와 그 현들은 물체이고 물질적이며 결합된

것이고 지상적이며 죽는 것에 가깝습니다.

따라서 누군가 뤼라를 부수거나 그 현들을 자르고 끊는다면, 누군가는 당신께서 제시한 논증과 같은 방식으로 조화 자체는 필연적으로 여전히 존재하며 파괴되지 않았다고 주장할 겁니다. 왜냐하면 현이 끊어진 채 뤼라가 아직 존재하고 소멸 가능한 현들도 여전히 존재하는데, 신적이고 불사하는 86b
것과 동족이고 같은 본성을 가진 조화가 소멸 가능한 것보다 먼저 파괴되었을 리 없기 때문입니다. 오히려 조화 자체는 어딘가에 여전히 존재하며, 그것에 무슨 일이 생기기 전에 나무와 현들이 먼저 썩어 없어질 것입니다.

사실 오, 소크라테스여! 우리[62]는 영혼을 다음과 같은 종류로 여기지요. 저는 이 사실을 당신께서도 아실 거라고 생각합니다. 즉, 우리 몸은 말하자면 뜨거움과 차가움, 마름과 축축함 그리고 이와 유사한 것들이 팽팽하게 결합된 것이라고 말입니다. 또 우리 영혼은 바로 이들의 혼합이며, 이들이 적절 86c
한 비율로 결합했을 때 생겨나는 조화라고 말입니다.

만약 영혼이 일종의 조화라면, 질병이나 다른 해악으로 인해 우리 몸이 지나치게 이완되거나 긴장했을 때, 영혼은 곧바

62 퓌타고라스 학파. 특히 필롤라오스의 견해를 가리킨다.

로 소멸할 것입니다. 그것이 아무리 신적이라고 하더라도 다
른 종류의 조화—소리의 조화든 장인의 모든 작품 속의 조
86d 화든—처럼 말입니다. 반면 신체의 잔여물은 불에 타거나 썩
어 없어질 때까지 오랫동안 남을 것입니다. '영혼은 신체적
요소들의 혼합이므로 죽음이라고 일컬어지는 것에서 가장
먼저 소멸한다'라고 누군가 주장하면 우리는 뭐라고 답해야
할까요?"

그러자 소크라테스는 언제나처럼 눈을 크게 뜨고 바라보
았습니다. 그러고는 웃으면서 말했습니다. "심미아스의 지적
이 옳습니다. 당신들 가운데 저보다 이 문제를 잘 해결할 수
있는 사람이 있다면 이분에게 답해주는 게 어떻겠습니까? 분
명 심미아스는 성공적으로 논증과 씨름하고 있는 듯합니다.
하지만 답변하기에 앞서 이 자리에 계신 케베스는 이전 논증
에 대해 어떤 비판을 하시는지 들어봐야 한다고 생각합니다.
86e 그러는 동안 우리는 무슨 말을 할지 생각해보고요. 우리가 두
분의 말씀을 경청한 후 조화롭다고 생각되면 그 말씀에 동의
할 것이고, 그렇지 않다면 그때 우리 논증을 변론해나가겠습
니다. 그러니 오, 케베스여! 무슨 문제가 당신을 괴롭히는지
말씀해주세요."

케베스가 말했습니다. "제 생각에는 논증이 진전되지 않은

채 이전 상태에 머물러 있어 이전과 동일한 비난에 직면할
듯합니다. 우리 영혼이 현재의 육체 안에 들어오기 전에도 존 87a
재했다는 것이 꽤 설득력 있고 충분하게 증명되었음을 철회
하려는 것은 아닙니다. 이렇게 말하는 게 주제넘은 일이 아니
라면 말입니다. 하지만 우리가 죽은 다음에도 영혼이 여전히
어딘가에 존재한다는 것은 증명되지 않았다고 생각합니다.
저는 영혼이 육체보다 더 강하고 더 오래 견디는 것은 아니
라는 심미아스의 반박에 동의하지 않습니다. 왜냐하면 영혼
이 모든 측면에서 육체를 훨씬 능가한다고 생각하니까요. 논
증은 이렇게 말할 겁니다. '당신은 사람이 죽은 뒤에도 더 약
한 부분이 여전히 존재함을 보고서도 어째서 의심하십니까?
더 오래가는 부분은 그 기간 동안에 보존되어야 한다고 생각 87b
하지 않으십니까?'

이 논증에 대해 제가 어떻게 대답하는지 검토해보세요. 아
마도 심미아스처럼 저에게도 일종의 비유가 필요한 것 같습
니다. 제 생각에는 논점이 제시된 방식이 마치 누군가 늙어서
죽은 직조공을 두고 '이 사람은 죽은 게 아니라 어딘가에 멀
쩡히 살아 있다'라고 말하는 것과 비슷하기 때문입니다. 그가
짜 입었던 외투가 아직 멀쩡히 남아 있다는 사실을 증거로
제시하면서 말입니다. 만약 누군가가 미심쩍어한다면 사람과 87c

그가 입던 외투 중에 어느 것이 더 오래가느냐고 반문할 수 있습니다. 사람이 더 오래간다고 답하면, 사람보다 단명하는 외투가 소멸하지 않았으므로 사람도 분명히 멀쩡하게 살아 있음이 증명되었다고 생각할 수 있습니다. 하지만 오, 심미아스여! 제 생각에 이 논증은 올바르지 않습니다. 제가 드리는 말씀을 당신께서도 검토해보세요. 삼척동자도 앞선 논증이 헛소리라고 생각할 테니까요.

직조공이 아무리 많은 외투를 만들고 입어 닳게 했더라도
87d 많은 외투를 소진한 후에 자신도 죽게 될 텐데, 이는 아마도
마지막 외투가 닳기 전일 겁니다. 그렇다고 해서 사람이 외투보다 열등하거나 약한 것은 아닙니다. 제 생각에는 육체와 영혼의 관계에서도 이와 동일한 비유가 성립합니다. 즉, 누군가 영혼이 더 장수하고 육체는 영혼보다 약하며 단명한다고 주장하면서 이들에 관해 같은 주장을 제시하면, 제가 보기에 이 주장은 적절합니다. 특히 영혼이 오랫동안 산다면 많은 육체를 소진하겠지만 영혼이 소멸할 때는 마지막 육체를 입어야 할 것이고, 이 육체가 닳기 전에 영혼이 먼저 소멸할 것입니다. 육체는 사람이 살아 있는 동안 유동적이고 사멸할 수 있
87e 으나 영혼은 소진된 몸을 늘 다시 복구할 테니까요. 그리고
영혼이 소멸한 후에야 그 육체가 결국 자신의 연약한 본성을

드러낼 것이고 즉시 썩어 없어질 것입니다. 따라서 우리는 이
논증을 믿고서 우리가 죽은 후에도 영혼이 여전히 어딘가 존 88a
재하리라고 확신할 수 없습니다.

이 논증을 제시하는 사람에게 당신께서 말씀하시는 것 이상을 양보한다고 생각해봅시다. 그래서 우리가 태어나기 이전에 영혼이 존재할 뿐 아니라, 죽은 후에도 몇몇 영혼이 계속 존재하며 여러 번 태어나고 다시 죽는다고 가정해봅시다. 영혼이란 본성상 강한 것이어서 여러 번 태어나는 것을 견뎌낼 수 있으니까요.

하지만 이 모든 것을 용인하더라도 영혼이 여러 번의 출생
에 소진되어 마침내 특정한 죽음의 순간에 완전히 소멸해버
리는 일이 없을 것이라는 주장에 동의하기 어렵다면, 그리고 88b
특정한 죽음과 특정한 육체로부터의 이탈이 영혼의 완전한 사멸을 가져오는지 아무도 모른다면 죽음에 맞서서 대담한 자는 아무 생각 없이 만용을 부리는 것임에 틀림없습니다. 우리 가운데 누구도 이를 지각할 수 없으니까요. 영혼이 완전히 불사하고 소멸 불가능함을 입증할 수 없다면 말입니다. 그렇지 않다면 이제 바야흐로 죽기 직전인 사람은 항상 자기 영혼을 두려워해야 합니다. 영혼이 육체에서 분리되면 완전히 소멸할지도 모르니까요."

죽음이란 영혼의 사멸이며
육체는 멈춤 없이 늘 소멸하니까요

88c 두 사람의 말을 듣고는 우리 모두 마음이 불편해졌습니다. 우리는 이전 논증에 어느 정도 설득되었으나 그들이 다시 혼란스럽게 했고, 앞선 논증뿐 아니라 이후에 논의될 내용 또한 불신의 늪에 빠뜨렸기 때문입니다. 우리는 스스로가 배심원으로서 자격이 없는 게 아닌가 걱정했습니다. 아니면 이런 일들이 본래 의심스러운 것이 아닌가 하는 염려도요.

에케크라테스 신들께 맹세컨대, 오, 파이돈이여! 전적으로 당신에
88d 게 동감합니다. 지금 당신 말씀을 듣고 보니 스스로에게 이렇게 말하게 됩니다. '이제 우리가 더 이상 무슨 논증을 믿겠는가? 소크라테스가 제시한 논증은 얼마나 설득력 있었는가? 그런데도 이렇게 의심의 나락에 빠지다니!' 아시다시피 우리 영혼이 일종의 조화라는 이 논증은 지금 이 순간에도 저를 사로잡고 있습니다. 당신 말씀은 저 자신도 과거에 그런 견해를 가졌음을 상기시켜주었습니다.

이제 저에게는 사람이 죽었을 때 그 영혼이 그와 함께 죽지 않음을 확신시켜줄 또 다른 논증이 필요합니다. 그러니 제우스께 맹세컨대, 소크라테스가 어떻게 논증을 전개해나갔는
88e 지 말씀해주세요. 당신들이 그랬던 것처럼 소크라테스도 눈에 띄게 언짢아하던가요? 아니면 차분하게 논의를 이어갔나요? 그리고 그분은 자신의 논증을 옹호하는 데 성공했나요,

아니면 실패했나요? 우리에게 되도록 소상히 모든 것을 말씀해주세요.

파이돈 오, 에케크라테스여! 저는 종종 소크라테스에게 경탄하곤 했습니다. 하지만 그때보다 더 그분을 존경한 적은 없습니다. 그분에게 답할 말씀이 있었다는 것은 전혀 이상하지 않았습 89a
니다만, 그분이 기꺼이 친절하고 정중하게 청년들의 논증에 응한 것이 실로 놀라웠습니다. 그분은 청년들의 논증이 우리에게 끼친 영향을 예리하게 파악했고, 우리가 논쟁에 패배해서 줄행랑치고 있을 때 우리를 치유하고 회복시켜주었습니다. 그러고는 우리를 격려해서 자신 곁에 따르도록 하고 더불어 논증을 검토하게 했습니다.

에케크라테스 어떻게 말인가요?

파이돈 말씀드리겠습니다. 마침 저는 그분의 오른쪽, 침상 옆 낮은 의자에 앉아 있었습니다. 그분은 저보다 훨씬 높이 앉아 계셨 89b
지요. 그런데 그분이 제 머리를 쓰다듬으면서 제 목덜미에 있는 머리카락을 움켜쥐었습니다. 그분은 종종 제 머리카락을 가지고 장난치곤 하셨거든요. 그러고는 이렇게 말씀하셨습니다. "오, 파이돈이여! 내일이면 이 아름다운 머리카락을 자르겠네요."

제가 말했습니다. "그럴 것 같습니다, 오, 소크라테스여!"

"하지만 당신이 제 조언을 따른다면 머리카락을 자르지 않아도 됩니다."

제가 말했습니다. "그게 뭔데요?"

소크라테스가 말했습니다. "오늘 저는 제 머리카락을 자를 것이고 당신도 당신 머리카락을 자를 겁니다. 우리 논증이 최
89c 후를 맞이하고 우리가 이를 살려내지 못한다면 말입니다. 저로 말하자면, 제가 당신이라면 그리고 논증이 제 손아귀에서 빠져나간다면 저는 마치 아르고스 사람들처럼 이렇게 맹세[63]할 겁니다. 다시 전투에 임해서 심미아스와 케베스의 논증을 물리치기 전에는 머리카락을 길게 기르지 않겠노라고 말입니다."

제가 말했습니다. "하지만 헤라클레스도 둘을 감당할 수 없었다고 합니다."

소크라테스가 답했습니다. "그러면 아직 해가 있는 동안에는 저를 당신의 이올라오스[64]로 삼아 도움을 청하세요."

제가 말했습니다. "당신의 말씀대로 하겠습니다. 하지만

63 아르고스 사람들은 튀레아를 되찾기 전에는 머리를 기르지 않겠노라고 맹세했다(헤로도토스, 《역사》 1.82).

64 헤라클레스의 동생인 이피클레스의 아들(즉, 헤라클레스의 조카). 헤라클레스의 히드라 퇴치를 도왔다.

저는 헤라클레스가 아니고, 오히려 이올라오스가 헤라클레스에게 하듯 당신에게 도움을 청하겠습니다."

소크라테스가 말했습니다. "그건 별 상관 없습니다. 하지만 우리는 먼저 어떤 일을 겪지 않도록 주의해야 합니다."

제가 물었습니다. "그게 뭔데요?"

소크라테스가 말했습니다. "마치 사람을 혐오하는 자가 되 89d
듯 논증을 혐오하는 사람이 되지 않도록 주의하자는 겁니다. 사람이 겪을 수 있는 해악 중 논증을 싫어하는 것보다 더 큰 해악은 없으니까요. 논증을 혐오하는 것과 사람을 혐오하는 것은 같은 방식으로 생겨납니다. 즉, 적절한 지식 없이 누군가를 전적으로 신뢰하면서 그 사람이 완전히 진실하고 온전하며 믿을 만하다고 여기지요.

그러다가 얼마 후에 그가 악하고 믿을 만하지 않다는 것을 발견하게 되고, 같은 일을 다른 사람에게서도 겪을 때 사람에 대한 혐오가 생겨납니다. 어떤 사람이 이런 일을 여러 번 겪고, 특히 가장 가까운 지인과 동료라고 여겼던 자들에게서 이
런 일을 여러 차례 당하는 경우도 있습니다. 그러면 그 상처 89e
를 받는 사람은 결국 모든 사람을 미워하게 되고, 그 누구에게도 도무지 온전한 게 없다고 여기게 됩니다. 당신은 이런 일이 일어나는 것을 본 적이 없나요?"

제가 답했습니다. "물론 있습니다."

소크라테스가 말했습니다. "이런 일은 개탄스럽지 않습니까? 또 이런 사람은 인간관계에 관한 지식도 없으면서 사람들과 어울리려 했다는 게 분명하겠지요? 만약 지식을 가지고
90a 남과 어울렸다면 사태를 있는 그대로 파악했을 겁니다. 즉, 좋은 사람이나 나쁜 사람은 아주 드물고 대부분은 중간에 위치한다고 생각했겠지요?"

제가 물었습니다. "그게 무슨 말씀인가요?"

소크라테스가 말했습니다. "아주 작은 것과 아주 큰 것의 경우와 마찬가지입니다. 아주 크거나 아주 작은 사람 또는 개나 다른 어떤 것을 발견하는 일보다 드문 게 있다고 생각하시나요? 빠르거나 느린 것, 추하거나 아름다운 것, 희거나 검은 것도 마찬가지입니다. 이 모든 경우에 양극단은 드문 반면 두 극단 사이는 흔하고 다수가 존재한다는 사실을 알지 못하십니까?"

제가 말했습니다. "물론 알지요."

90b 소크라테스가 말했습니다. "악함의 경쟁에서도 최고인 자는 극소수일 것이라고 생각하시지요?"

제가 말했습니다. "그럴 것 같습니다."

소크라테스가 말했습니다. "아마도 그럴 겁니다. 물론 이런 관점에서 보면 논증은 사람과 비슷하지 않습니다. 당신이

조금 전에 제시한 바를 따라가본다면 말입니다. 오히려 논증과 사람의 유사성은 다음과 같은 데 있습니다. 즉, 논증에 관해 아무 지식이 없는 사람이 어떤 논증을 참이라고 믿고 있다가 잠시 후 그것이 거짓이라고 생각하게 되고 이런 일이 자꾸자꾸 생겨납니다. 어떤 때는 실제로 그렇고 어떤 때는 그렇지 않지만요.

이런 일은 특히 논증을 반박하면서 소일하는 자들에게 90c
생겨나는데, 아시다시피 이들은 자신이 가장 지혜로운 사람이라고 생각합니다. 또 이들은 어떤 사태나 논증에도 온전하거나 확실한 게 없고, 존재하는 모든 것이 잠시도 한곳에 머무르지 않는다는 것을 자신들만 파악했다고 여깁니다. 마치 에우리포스 해협[65]의 물살이 위아래로 오르락내리락하듯이 말이지요."

제가 말했습니다. "지당하신 말씀이십니다."

소크라테스가 말했습니다. "그러면 오, 파이돈이여! 만약 진실로 참되고 확실한 논증이 존재하고 이것을 파악할 수 있다고 가정해봅시다. 그런데도 누군가 어떤 때는 올바르다고 90d

65 에우보이아 섬과 그리스 본토 사이의 해협. 이곳의 물살은 하루에도 여러 차례 방향을 바꾸어 흘렀다고 한다.

생각되고 어떤 때는 그렇지 않다고 생각되는 논증을 접하고서 자신이나 자신의 지식 없음을 탓하지 않고 스스로 받아야 할 비난을 논증으로 전가하면서 어려움을 모면하려 한다면, 또 존재하는 사물에 대한 진리와 지식을 결여한 채 논증을 혐오하고 힐난하면서 여생을 보낸다면 이는 통탄할 만합니다."

제가 말했습니다. "제우스께 맹세컨대, 그렇습니다. 그런 일은 참으로 개탄스럽습니다."

소크라테스가 말했습니다. "우선 그런 일을 조심합시다.
90e 그리고 온전한 논증은 하나도 없을 것이라는 생각이 우리
마음속에 생겨나지 않도록 주의합시다. 온전하지 않은 건
우리 자신이니까 온전해지도록 열의를 가지고 분투해야 한
다고 생각하는 편이 훨씬 낫습니다. 당신과 다른 분들은 남
91a 은 삶을 위해서 그렇게 해주세요. 저는 죽음이 임박했으니
그렇게 하겠습니다. 왜냐하면 지금 저는 이 문제와 관련해서 지혜를 사랑하기보다 마치 완전히 일자무식인 자들처럼 그저 이기는 걸 사랑할 위험이 있으니까요.

일자무식인 자들은 뭔가를 논쟁할 때 논의되는 내용이 실제로 어떠한지에 신경 쓰지 않습니다. 자신이 내세우는 바가 곁에 있는 이들에게 사실처럼 보이도록 애씁니다. 제가 이들과 다른 점은 곁에 있는 이들에게 제 말이 진실인 듯

보이도록 애쓰지 않는다는 겁니다. 우연히 그렇게 보일 수는 있지만 말입니다. 오히려 저는 제 자신에게 최대한 그렇게 보이도록 노력합니다.

오, 사랑하는 친구여! 제가 얼마나 욕심이 많은지 보세요! 91b
제 말이 진실이라면 이를 따르는 게 좋습니다. 반면에 사망한 자에게 남은 게 아무것도 없더라도 적어도 죽기 전까지 저는 곁에 계신 분들에게 슬픔을 덜 줄 것이고, 저의 무지—이것은 나쁜 것입니다만—는 오래 머무르지 않고 소멸할 것입니다.

오, 심미아스와 케베스여! 이렇게 준비를 마치고 당신들의 논증에 답하고자 합니다. 하지만 여러분이 제 말에 따르겠다
면 저를 조금만 염려하시고 진실에 더 많이 신경 쓰세요. 그 91c
러니까 제가 올바르게 말하고 있다고 생각하면 제 말에 동의하고, 그렇지 않다면 온갖 논증으로 반박하세요. 제가 열중한 나머지 저 자신은 물론이고 당신들까지 기만하지 않도록, 그리고 꿀벌처럼 여러분 안에 침을 남겨놓고 떠나지 않도록 말입니다."

소크라테스가 계속 말했습니다. "먼저 당신들의 말씀을 다시 상기시켜주세요. 제가 미처 기억하지 못할 수도 있으니까요. 제가 생각하기에 심미아스는 이렇게 의심하고 걱정합니
다. 설령 영혼이 육체보다 더 신적이고 아름답더라도 일종의 91d

조화이기 때문에 육체보다 먼저 소멸할지 모른다고요. 반면 케베스는 영혼이 육체보다 더 오래간다는 점에서는 저에게 동의합니다. 하지만 영혼이 여러 육체들을 거친 후 마지막 육체를 남기고 떠날 때는 영혼 자신도 소멸할지 모른다고 생각하는 듯합니다. 죽음이란 영혼의 사멸이며, 육체는 멈춤 없이 늘 소멸하니까요. 오, 심미아스와 케베스여! 우리는 바로 이런 것을 따져봐야 하지 않을까요?"

91e 두 사람 모두 소크라테스의 말에 동의했습니다.

소크라테스가 말했습니다. "당신들은 앞서 논의한 것을 모두 받아들이십니까? 아니면 어떤 것은 받아들이고 다른 것은 받아들이지 않으십니까?"

두 사람이 말했습니다. "어떤 것은 받아들이고 다른 것은 받아들이지 않습니다."

소크라테스가 물었습니다. "그러면 배움이 상기이며, 따라서 우리 영혼이 육체에 묶이기 전에 어딘가 존재해야 한다는 논증은 어떻게 생각하십니까?"

92a 케베스가 말했습니다. "저는 그때도 이 논증에 놀랄 만큼 설득되었고 지금도 다른 어떤 논증 못지않게 확신하고 있습니다."

심미아스도 말했습니다. "예, 저도 그렇습니다. 제가 그것을 달리 생각하게 된다면 무척 놀라울 겁니다."

그러자 소크라테스가 말했습니다. "오, 테바이에서 온 친구여! 만약 조화가 복합적인 것이고, 영혼이 마치 현처럼 팽팽하게 긴장된 물질적 요소들로 구성되는 일종의 조화라는 견해를 고집한다면 달리 생각해야 합니다. 왜냐하면 아마도 92b
당신은 어떤 것들이 결합되어 이루어진 조화가 그것을 구성하는 요소들보다 먼저 존재했다고 주장하지는 못할 테니까요. 혹시 그렇게 주장하시나요?"

심미아스가 말했습니다. "아니요. 결코 그렇지 않습니다."

소크라테스가 말했습니다. "당신의 주장에 그런 내용이 함축되어 있다는 것을 아시나요? 영혼이 사람의 형체와 몸속에 들어오기 전부터 이미 존재하나 아직 존재하지 않는 요소들로 구성된다고요. 사실 조화는 당신이 비유한 것과 동일
하지 않습니다. 오히려 뤼라와 그 현들 그리고 소리는 아직 92c
조율되지 않은 상태로 이미 존재합니다. 반면 조화는 맨 마지막에 생겨나서 맨 처음 소멸됩니다. 그렇다면 어떻게 당신의 논증[66]이 저 논증[67]과 조화를 이룰 수 있겠습니까?"

66 영혼이 조화라는 논증.

67 배움이 상기라는 논증.

심미아스가 말했습니다. "불가능합니다."

소크라테스가 말했습니다. "만약 조율되어야 하는 논증이 있다면 그건 조화에 대한 논증일 겁니다."

심미아스가 말했습니다. "마땅히 그래야겠지요."

"당신의 두 논증은 서로 조화하지 않습니다. 두 논증 중 어떤 것을 선택할지 고려해보세요. 배움이 상기라는 논증입니까? 아니면 영혼이 조화라는 논증입니까?"

심미아스가 말했습니다. "오, 소크라테스여! 물론 첫 번째
92d 논증입니다. 두 번째 논증은 증명이 아니라 그럴듯함과 피상적 개연성에 기초해서 얻은 것이니 말입니다. 대부분의 사람들은 이에 근거해서 믿습니다만. 하지만 제가 알기로는 그럴듯함에 기초해서 증거를 제시하는 논증은 기만적일 뿐이고, 만약 주의하지 않는다면 이 논증은 우리를 완전히 기만할 수 있습니다. 기하학뿐 아니라 다른 모든 영역에서도 말이지요.

반면에 상기와 배움에 관한 논증은 받아들일 만한 전제에 기초해서 논의됩니다. '존재하는 것'이라는 명칭을 가진 실체 자체가 존재하는 것과 마찬가지로, 우리 영혼이 육체에 들어
92e 오기 전에도 어딘가 존재함이 전제되었으니 말입니다. 저는 이 전제를 충분하고 올바르게 받아들였다고 스스로 확신합니다. 따라서 영혼이 조화라는 논증은 저 자신뿐 아니라 어느

누가 주장하더라도 받아들일 수 없을 듯합니다."

소크라테스가 말했습니다. "이렇게 생각해보면 어떻습니까? 오, 심미아스여! 당신은 조화 혹은 다른 복합체가 그 구 93a
성 요소와 다른 상태라고 생각하십니까?"

"그렇지 않습니다."

"또한 조화는 그 구성 요소가 영향을 주거나 받는 방식과 다르게 영향을 주거나 받을 수도 없겠지요?"

심미아스가 이에 동의했습니다.

"그러면 조화는 그 구성 요소를 다스리기보다 구성 요소에 따르는 것이겠네요."

심미아스가 다시 동의했습니다.

"그러면 조화는 그 구성 요소에 반해서 움직이거나 소리를 내거나 혹은 어떤 방식으로든 반대하지 않겠지요?"

"결코 그럴 리 없습니다."

"그렇다면 각각의 조화는 본성상 그것이 조율된 그대로의 조화가 아닐까요?"

"무슨 말인지 모르겠습니다."

소크라테스가 말했습니다. "만약 더 많이 그리고 더 크게
조율된다면—이런 일이 가능하다고 가정한다면 말입니다— 93b
그것은 더 많이 그리고 더 큰 조화일 것입니다. 반대로 더 적

게 그리고 더 작게 조율된다면 그것은 더 적게 그리고 더 작게 조화이지 않겠습니까?"

"물론입니다."

"이 논리가 영혼에도 적용될까요? 다시 말해 한 영혼이 다른 영혼보다 더 크거나 더 많고, 혹은 더 작거나 더 적을 수 있을까요?"

심미아스가 대답했습니다. "아니요, 결코 그렇지 않습니다."

소크라테스가 말했습니다. "자, 제우스께 맹세컨대, 한 영혼은 지성과 덕을 갖추어 훌륭하다고 말하고, 다른 영혼은 어
93c 리석고 사악하여 악하다고 말합니다. 이렇게 말하는 게 올바른가요?"

"올바릅니다."

"영혼이 조화라고 주장하는 사람들은 우리 영혼 안에 존재하는 것들, 즉 덕과 악을 뭐라고 말할까요? 이것도 일종의 조화 혹은 조화 없음이라고 할까요? 그래서 그들은 '한 영혼, 즉 훌륭한 영혼은 조율된 것이며 영혼 자체도 일종의 조화이면서 그 안에 다른 조화를 가지고 있다. 그러나 다른 영혼[68]은 그 자체로 조율된 것이 아니며 다른 조화를 가지지 않는

68 즉, 악한 영혼.

다'라고 말할까요?"

심미아스가 말했습니다. "저로서는 대답할 수 없습니다만, 이 가설을 채택한 사람은 분명 그렇게 말할 겁니다."

소크라테스가 말했습니다. "하지만 우리는 이미 어떤 영혼 93d
이 다른 영혼보다 더 혹은 덜 영혼이지 않다는 데 동의했습니다. 그렇다면 우리는 다음에 동의한 것입니다. '하나의 조화는 다른 조화보다 더 많이 혹은 더 큰 조화가 아니며, 더 적게 혹은 더 작은 조화인 것도 아니다.' 그렇지 않습니까?"

"그렇습니다."

"더 혹은 덜 조화인 게 아니라면 더 혹은 덜 조율된 것도 아닙니다. 그렇습니까?"

"그렇습니다."

"그런데 조화가 더 혹은 덜 조율된 게 아니라면, 더 혹은 덜 조화에 참여할 수 있겠습니까? 아니면 같은 정도로 조화에 참여하겠습니까?"

"같은 정도입니다."

"그러면 어떤 영혼도 다른 영혼보다 더 혹은 덜 영혼이 아
니므로 더 혹은 덜 조율된 게 아니겠지요?" 93e

"그렇습니다."

"사정이 이러하다면 영혼은 부조화에 더 많이 참여할 수도

없고 조화에 더 많이 참여할 수도 없겠지요?”

“물론 그렇습니다.”

“또 영혼이 이와 같은 것이라면 한 영혼이 다른 영혼보다 더 많이 악 혹은 덕을 가질 수 있겠습니까? 악은 부조화이고 덕은 조화라면 말입니다.”

“더 많이 가질 수 없습니다.”

94a “오히려 오, 심미아스여! 올바른 추론에 따르면 어떤 영혼도, 만약 그것이 조화라면 악에 참여하지 않을 겁니다. 조화는 전적으로 조화이기 때문에 결코 부조화에 참여할 수 없으니까요.”

“물론입니다.”

“또 영혼은 전적으로 영혼이므로 악에 참여할 수 없습니다.”

“그렇습니다. 이미 논의한 대로 어떻게 영혼이 악에 참여할 수 있겠습니까?”

“이 추론에 따르면 살아 있는 모든 것의 영혼은 동일하게 선할 것입니다. 만일 영혼이 본성상 동일하게 영혼이라면 말입니다.”

심미아스가 말했습니다. “저도 그렇게 생각합니다, 오, 소크라테스여!”

소크라테스가 말했습니다. “당신은 이렇게 논의하는 게 올

바르다고 생각하시나요? 그리고 영혼이 조화라는 가정이 올 94b
바르다면 논증의 결론이 이러해야 한다고 생각하시나요?"

심미아스가 답했습니다. "아니요, 결코 그렇지 않습니다."

소크라테스가 말했습니다. "사람 안에 있는 모든 것 중 영혼, 특히 현명한 영혼 외에 다른 무언가가 인간을 다스린다고 말할 수 있겠습니까?"

"아니요, 저는 그렇게 말하지 않습니다."

"영혼은 육체의 정서에 굴복합니까? 아니면 이에 반대합니까? 가령 열기와 목마름이 육체 안에 있을 때 영혼은 반대 방향으로 끌어당겨 마시지 못하게 합니다. 또 배고픔이 육체
안에 있을 때 영혼은 먹지 못하는 쪽으로 끌어당깁니다. 우리 94c
는 영혼이 헤아릴 수 없이 많은 방식으로 육체를 따르는 데 저항하는 것을 봅니다. 그렇지 않나요?"

"물론 그렇습니다."

"우리는 앞선 논의에서 다음에 동의했지요? 즉, 조화라는 게 있다면 그것은 구성 요소들의 긴장과 이완, 튕김 그리고 다른 어떤 영향에 반하는 소리를 내는 것은 아니라고요. 그보다 구성 요소에 따르며 이를 다스리지 않는다고 말이지요?"

심미아스가 말했습니다. "물론 그렇게 동의했습니다."

"이건 어떤가요? 우리가 보기에 영혼은 (육체와) 완전히 반

대로 작동하면서 그 구성 요소라고 일컬어지는 모든 것을 다
94d 스리고, 전 생애에 걸쳐 거의 모든 측면에서 구성 요소에 저항하면서 모든 방식으로 이들의 주인 노릇을 합니다. 어떤 경우에는 체육과 의술로 더 거칠고 고통스럽게 조련하고, 다른 경우에는 더 부드럽게 경고하거나 타일러서 마치 서로 다른 대상과 대화하듯 우리의 욕구, 충동, 두려움과 대화합니다. 이를테면 호메로스도 《오뒷세이아》에서 오뒷세우스가 다음과 같이 말하는 장면을 묘사했습니다.

그는 자기 가슴을 치면서 심장을 나무라며 말했다.
94e ‘참아라, 내 심장아! 이보다 더한 수치도 참았거늘…….’[69]

당신은 호메로스가 이 시구를 지었을 때 영혼이 육체의 정서에 이끌리는 조화라고 여겼을 것이라고 보십니까? 오히려 그는 영혼이 육체의 정서를 이끌고 주인 노릇을 하며, 조화에 따른 것이라기보다는 그 자체로 더 신적인 무언가라고 여기지 않았을까요?"

"제우스께 맹세컨대, 오, 소크라테스여! 저도 그렇게 생각

69 《오뒷세이아》 20.17-8.

합니다."

"그렇다면 오, 최고로 훌륭한 자여! 영혼이 일종의 조화라 고 말하는 건 결코 올바르지 않습니다. 아마도 그건 신과 같은 시인 호메로스와 부합하지 않을뿐더러, 우리 자신의 생각과도 맞지 않으니까요." 95a

심미아스가 말했습니다. "그렇습니다."

소크라테스가 말했습니다. "이제 테바이의 여신 하르모니아[70]에 관한 일은 아마도 적절하게 해결된 듯합니다. 하지만 카드모스 건[71]은 어떻게 할까요? 오, 케베스여! 어떤 논증으로 그를 달래야 할까요?"

케베스가 말했습니다. "제가 보기에는 당신께서 그를 달랠 방도를 찾으실 것 같습니다. 영혼이 조화라는 주장에 대해 당신이 제기하신 반박 논증은 놀랍게도 제 생각을 뛰어넘었습니다. 심미아스가 어떤 점에서 출구를 잃고 우왕좌왕하는지 말했을 때, 저는 대체 누가 그의 논증을 감당할 수 있을지 정 95b
말 궁금했거든요. 그래서 그의 논증이 당신 논증의 첫 번째

70 테바이 전승에 따르면, 테바이를 건립한 영웅 카드모스는 여신 하르모니아와 결혼했다. 소크라테스는 "영혼이 조화harmonia"라는 심미아스의 주장을 논박하면서 이를 심미아스와 케베스의 고향 테바이의 여신인 하르모니아를 달랜 것에 비유해 언어유희를 하고 있다.

71 케베스의 논증을 하르모니아의 남편 카드모스에 빗대어 비유했다.

공격을 견뎌내지 못한 게 저로서는 아주 이상해 보였습니다. 그러니까 카드모스의 논증이 이와 동일한 사태를 겪게 되더라도 놀라지 않을 겁니다."

소크라테스가 말했습니다. "오, 훌륭한 자여! 장담하지는 마세요. 어떤 악의적인 힘이 앞으로의 논증을 뒤집어버릴지도 모르니까요. 그건 신께서 알아서 하시겠지요. 우리는 호메로스의 영웅들처럼 적진 앞으로 나아가서 당신의 말에 뭔가 진실이 담겨 있는지 살펴봅시다.

95c 당신이 요구하는 것을 정리하면 다음과 같습니다. 즉, 당신은 우리 영혼이 사멸할 수 없으며 그 불사함이 입증되어야 한다고 생각합니다. 지혜를 사랑하는 사람이 죽음에 임박해서, 다른 삶을 살다가[72] 죽었을 때보다 [지혜를 사랑하면서 살다가] 죽은 후 저세상에서 더 잘살 것이라고 생각하면서 용기를 얻는 게 무지하고 바보 같은 만용이 아니려면 말입니다. 당신의 주장에 따르면 우리의 영혼이 강하고 신적이며 우리가 사람으로 태어나기 전부터 이미 존재했음을 증명한다고 해도, 그것이 영혼의 불사함을 입증하는 게 아니라 단지 영혼이 오래가고 헤아릴 수 없이 긴 시간 동안 어딘가 존재했으며, 온갖

72 지혜를 사랑하지 않고 살다가.

것을 알고 행했음을 보여주는 증거에 불과하다고 말합니다. 즉, 영혼이 오랜 시간 동안 존재했더라도 불사하는 것은 아니 95d
며, 오히려 인간의 몸 안으로 들어오는 일이 마치 질병처럼 영혼에게 소멸의 시작이라는 것입니다. 그래서 영혼은 이 생을 고통 속에서 살다가 결국에는 죽음이라고 일컬어지는 것에 소멸되고 맙니다.

또 당신은 영혼이 육체에 한 번 들어가든 여러 번 들어가든, 우리 각자가 느끼는 두려움은 아무 차이가 없다고 말합니다. 생각 없는 사람이 아니라면, 영혼이 불사한다는 것을 알지 못하고 논증도 제시하지 못할 경우 마땅히 두려워해야 하니까요. 제가 생각하기에 오, 케베스여! 당신이 하시는 말씀 95e
은 위와 같습니다. 제가 의도적으로 당신 생각을 자꾸 반복해서 말씀드리는 까닭은 아무것도 우리를 빠져나가지 못하도록, 또 당신이 원할 경우 더하거나 뺄 수 있도록 하기 위해서입니다."

이 말에 케베스가 답했습니다. "저로서는 지금 아무것도 빼거나 더할 생각이 없습니다. 제가 말씀드리려던 내용을 당신께서 정리해주셨습니다."

이때 소크라테스는 대화를 중단한 채 얼마간 생각에 잠겼습니다. 그러고는 이렇게 말했습니다. "오, 케베스여! 당신이

구하고자 하는 것은 결코 사소하지 않습니다. 왜냐하면 생성과 소멸 전반의 원인을 꼼꼼히 조사해봐야 하기 때문입니다.
96a 당신이 원한다면 이에 관해 제가 겪은 일을 말씀드리겠습니다. 그러고 나서 제 이야기 가운데 당신에게 유익한 내용이 있다면, 당신이 제기한 논점에서 확신을 얻는 데[73] 사용할 수 있습니다."

케베스가 말했습니다. "이야기를 들어보고 싶습니다."

소크라테스가 말했습니다. "저는 젊었을 때 자연에 대한 탐구라고 일컬어지는 지혜에 놀라울 정도로 열광했습니다. 각 대상이 왜 생성하고 소멸하는지 그리고 존재하는지를 아
96b 는 일은 대단하다고 생각했지요. 그래서 이리저리 관점을 바꾸면서 우선 다음의 것들을 탐구했습니다.

'누군가 말한 것처럼 온기와 냉기가 부패하는 바로 그때 생명체가 생겨나는가?'[74] '우리는 혈액으로 인해 사고하는가, 아니면 공기나 불 때문에 사고하는가?'[75] '듣고 보고 냄새 맡

73 또는 우리를 설득하는 데.

74 아낙사고라스의 제자 아르켈라오스의 견해. 이에 따르면 온기와 냉기가 부패함으로써 점액을 산출하고, 이로써 최초의 동물이 생겨났다.

75 영혼이 공기라는 주장은 아낙시메네스가 최초로 주장했고 나중에 아폴로니아의 디오게네스가 거듭 주장했다. 아리스토파네스의 희극《구름》230에서는 소크라테스가 영혼을 공기라고 주장한다. 반면 헤라클레이토스 학파는 영혼이 불이라

는 감각 능력을 제공하는 것은 위와 같은 것들이 아니라 뇌인가?'[76] 또 '이들로부터 기억과 판단이 생겨나며, 기억과 판단이 안정되면 이로부터 지식이 생겨나는가?' 다음으로 저는 대상들의 소멸을 탐구하기 시작했고, 하늘과 땅에서 발생하 96c
는 현상들을 탐구했습니다.

하지만 결국 이런 종류의 탐구에는 전혀 소질이 없다고 생각하기에 이르렀습니다. 그 충분한 증거를 말씀드리겠습니다. 이전에는, 적어도 제 자신이 생각하기에, 그리고 다른 사람들이 생각하기에, 제가 명확히 아는 것이 존재했습니다. 그러나 이 탐구로 인해 완전히 장님이 되어서 과거에 안다고 생각했던 것조차 모르게 되었습니다. 이를테면 다른 많은 주제 중 특히 '사람이 어떻게 성장하는가'와 같은 것 말입니다.
이전에는 먹고 마심으로써 성장한다고 생각했습니다. 음식을 96d
먹음으로써 살에 살이 더해지고 뼈에 뼈가 더해지지요. 동일한 원리로 동종의 것이 각각의 다른 부분에 더해질 때, 작은 덩어리였던 게 커진다고 생각했습니다. 이런 식으로 작은 사람이 크게 된다고 여겼습니다. 당신도 제 견해가 합리적이라

고 주장했다.

76 크로톤의 알크마이온은 뇌가 의식의 기원이라고 주장했고, 히포크라테스 학파도 동일한 입장을 견지했다.

고 생각하지 않으십니까?"

케베스가 말했습니다. "합리적이라고 생각합니다."

"다음과 같이 따져봅시다. 저는 작은 사람 곁에 선 큰 사람
96e 이 머리 자체 때문에[77] 더 크다고 생각했습니다. 마찬가지로 말 한 마리를 다른 말과 비교할 때도 그러하다고 생각했습니다. 더 명확한 예를 들자면 10이 8보다 큰 것은 8에 2를 더했기 때문이고, 2큐빗이 1큐빗보다 절반만큼 크기에 더 크다고 여겼지요."

케베스가 물었습니다. "지금은 이러한 것들을 어떻게 생각하시는지요?"

"제우스께 맹세컨대, 지금은 잘 모르겠습니다. 하나에 하나를 더할 때 본래의 하나—여기에 하나가 더해진—가 둘이 된 건지, 더해진 하나가 둘이 된 건지요. 아니면 하나가 다른 하나에 더해져서 더해진 하나와 본래의 하나가 둘이 된 건
97a 지도 알 수 없습니다. 왜냐하면 서로 분리되었을 때 이들 각각은 하나이고 둘이 아니었는데, 이들이 서로 가까워지면 이런 가까이 놓임이 둘이 되는 원인이 된다는 게 놀랍기 때문입니다.

77 또는 '머리에 의해'.

또 하나를 나눌 때 이 나눔이 둘이 되는 원인이라는 것도 납득하기 어렵습니다. 왜냐하면 그 경우에는 둘이 되는 것이 97b
앞선 원인과 상반되기 때문입니다. 즉, 앞에서는 서로 가깝게 놓여서 하나에 다른 하나가 더해지는 것이 둘이 되는 원인이었지만, 지금은 서로 분리되고 떨어지는 것이 둘이 되는 원인입니다.

저는 이런 까닭으로 더 이상 하나가 생겨난다는 것을 안다고 스스로 납득할 수 없습니다. 한마디로 무엇 때문에 대상이 생겨나거나 소멸하거나 존재하는지 알지 못합니다. 그래서 이런 탐구 방식을 따르는 대신 제 나름의 다른 방식을 두서없이 뒤섞습니다.

어느 날 저는 아낙사고라스가 저술했다는 책을 누군가 읽는 걸 들었습니다. 이 책에 따르면, 만물에 질서를 부여하고 97c
만물의 원인이 되는 게 지성이라고 합니다. 저는 기뻤습니다. 어떤 식으로든 지성이 만물의 원인이라는 건 좋은 일이라고 생각했지요. 그것이 사실이라면 지성이 만물에 질서를 부여할 때 최대한 좋은 상태로 각 대상의 위치를 정해줄 것이라고 생각했습니다. 다시 말해 저는 어떻게 각 대상이 생겨나거나 소멸하거나 존재하는지 그 원인을 알아내려면, 그 대상이 어떻게 존재하는지, 뭔가 영향을 주거나 받는 게 최선인지 알아야

97d 한다고 여겼습니다. 더구나 이 논리에 따르면, 사람은 자신에 대해서든 다른 것에 대해서든 최고 또는 최선 이외의 다른 어떤 것도 고려하면 안 됩니다. 또 동일한 사람이 더 나쁜 것에 대해서도 알아야 합니다. 양자[78]에 관한 지식은 동일하니까요.

이렇게 추론하고는 존재하는 대상들에 대해 저의 지성에 걸맞은 원인을 가르쳐줄 스승, 아낙사고라스를 찾았다고 여기고 기뻐했습니다. 저는 그분께서 먼저 지구가 평평한지 아
97e 니면 둥근지 말해줄 것이라고 생각했습니다. 그다음에는 어째서 그러해야 하는지 그 이유와 필연성을 설명해줄 것으로 여겼지요. 지구가 위와 같은 게 더 나은 까닭과 더 나음의 의미를 이야기해주면서 말입니다.

그리고 지구가 한가운데 위치한다고 말한다면, 한가운데
98a 있는 게 더 나은 이유를 설명해줄 거라고 생각했습니다. 그분이 이런 것들을 명백하게 밝혀준다면 다른 원인을 더 이상 바라지 않으려고 했습니다. 태양과 달 그리고 별들에 관해서도 같은 방식으로 배우고자 했습니다. 이것들의 상대적인 속도와 회전, 이것들과 관련된 다른 현상들에 대해서 그리고 이들 각각이 어떻게 영향을 주고받는 게 더 나은지에 대해서

78 좋은 것과 나쁜 것.

말입니다.

그분은 지성이 만물에 질서를 부여한다고 주장하셨으니, 이와 같은 것이 만물에 최선이고 그 외 다른 이유를 제시하지 않을 것이라고 생각했습니다. 그래서 저는 그분께서 각 대 98b
상에 원인을 부여하고 이들 모두에 공통된 원인을 부여할 때 무엇이 각각에게 최선이고 이것들 모두에 공통의 선인지도 설명해줄 것이라고 여겼습니다. 저는 제 희망을 그 무엇과도 바꾸지 않으려 했습니다. 그래서 그분의 책을 서둘러 구해서 읽었습니다. 무엇이 최선이고 무엇이 더 나쁜지 최대한 빨리 알고 싶었거든요.

하지만 오, 나의 동료여! 저의 놀라운 희망은 금세 사라졌습니다. 책을 읽어나가면서 그분이 지성을 전혀 활용하지 않을뿐더러 사물에 질서를 부여하는 원인을 지성에서 찾지 않는다는 것을 깨달았습니다. 오히려 공기와 아이테르, 물 그리 98c
고 이와 유사한 많은 이상한 것들을 원인으로 지목했습니다. 제가 생각하기에 그분은 소크라테스가 지성 때문에 모든 행위를 한다고 말해놓고서, 제가 지금 여기 앉아 있는 것은 제 몸이 뼈와 힘줄로 이루어져 있기 때문이라고 주장하는 것 같았습니다. 즉, 뼈는 단단하고 관절로 서로 분리되어 있으며, 힘줄은 수축과 이완이 가능한데, 뼈들을 한데 담는 살과 피부 98d

와 함께 둘러싸고 있기 때문이라고 이야기하면서 저의 각 행동의 원인을 설명하려는 사람과 같았습니다. 뼈가 관절 안에서 움직일 때 힘줄이 느슨해지고 팽팽해져서 제가 지금 사지를 굽힐 수 있고, 이 때문에 다리를 접고 여기 앉아 있다는 겁니다.

또 그분은 제가 여러분과 대화하는 것도 이와 유사한 원인을 제시할 겁니다. 음성과 공기의 흐름, 청각 그리고 헤아릴
98e 수 없이 많은 것들을 원인으로 지목하면서 말이지요. 하지만 진정한 원인을 제시하는 데는 소홀합니다. 즉, 아테나이 사람들은 저에게 유죄 판결을 내리는 게 더 낫다고 생각했고, 저는 여기 앉아 있는 게 더 낫다고 생각했다는 사실 말입니다. 또 저는 여기 머무르면서 그들이 내리는 처벌을 감내하는 게
99a 정의롭다고 생각했습니다. 왜냐하면 맹세컨대 저의 힘줄과 뼈는 무엇이 최선인지를 판단해서 이미 한참 전에 메가라나 보이오티아에 가 있었을 테니까요. 제가 탈옥하는 대신 폴리스가 명하는 어떤 처벌이라도 감내하는 게 더 정의롭고 훌륭하다고 생각하지 않았다면 말입니다.

하지만 이런 것들을 원인이라고 부르는 건 매우 이상합니다. 물론 이런 것들, 즉 뼈와 힘줄 그리고 제가 가진 다른 것들을 소유하지 않고서는 제가 좋다고 여기는 바를 행할 수도

없을 것이라고 누군가 말한다면 그건 맞는 말입니다. 하지만 제가 그렇게 행동하는 까닭이 이런 것들[79] 때문이며, 이런 일들을 지성 때문에 행하지만 그건 최선을 택했기 때문은 아니 99b
라고 말한다면 아주 타당하지 못한 주장일 겁니다. 실제 원인과 그것 없이는 원인이 원인일 수 없는 바가 서로 다르다는 점을 구분하지 못하는 것이니까요.

제가 보기에 많은 사람들은 필요조건을 원인이라고 부릅니다. 이는 마치 어둠 속에서 더듬거리며 찾다가 다른 뭔가에 해당하는 이름을 부르는 것과 마찬가지입니다. 이런 이유로 어떤 사람은 지구 주위에 소용돌이를 놓고서 지구가 하늘 때문에 제자리에 머무른다고 주장하고,[80] 다른 사람은 지구를 공기로 지탱되는 평평한 반죽통에 비유하는 것입니다.[81]

하지만 그들은 이런 것들을 가능한 한 최선의 상태에 있게 99c
해주는 힘을 찾지도 않고, 그것이 신적인 힘을 가졌다고 생각하지도 않습니다. 오히려 그들은 언젠가 더 강력하고 더 불사

79 뼈나 힘줄 등.

80 엠페도클레스는 물이 가득 찬 컵을 빠른 속도로 회전시키면 물이 쏟아지지 않는 것처럼, 천체가 빠른 속도로 회전하기 때문에 중앙에 위치한 지구가 움직이지 않는다고 생각했다.

81 아낙시메네스, 아낙사고라스, 데모크리토스의 견해.

하며 만물을 한데 모으는 아틀라스[82]를 발견할 것이라고 믿습니다. 정말로 선하고 참되게 묶는 것이 [만물을] 한데 묶고 결합시킨다고는 조금도 생각하지 않는 겁니다.

그래서 저는 그런 원인이 도대체 무엇인지 배우기 위해 기꺼이 누구의 제자라도 되고자 했습니다. 하지만 기회를 박탈당했습니다. 그래서 저 스스로 그것을 발견할 수도 없을뿐더
99d 러 다른 누군가에게서 배울 수도 없게 되었습니다. 오, 케베스여! 제가 어떻게 원인을 탐구하기 위해 두 번째 항해를 떠났는지 당신에게 말씀드려도 되겠습니까?"

케베스가 말했습니다. "예, 진심으로 듣고 싶습니다."

소크라테스가 말했습니다. "존재하는 것들의 탐구에 실패했기 때문에 일식 때 태양을 관찰하는 사람에게 일어나는 일을 겪지 않도록 주의해야겠다고 생각했습니다. 아시다시피 그들 중 일부는 물이나 그러한 종류의 것에 반사된 태양의
99e 상像을 관찰하지 않다가 눈을 다치기도 합니다. 저도 이와 비슷하게 생각했습니다. 즉, 대상들을 눈으로 관찰하고 감각으로 포착하려다가는 영혼이 완전히 마비될까 두려웠던 것입

82 하늘을 지탱하는 티탄. 여기서는 하늘과 땅을 그 장소에 유지시키는 힘을 상징한다.

헤라클레스와 아틀라스

아틀라스(그림 오른쪽)가 헤스페리데스의 황금 사과를 가져다주는 동안 헤라클레스(그림 가운데)가 하늘을 짊어지고 있다. 그림 왼쪽에서는 아테나 여신이 헤라클레스를 돕고 있다. 올림피아 제우스 신전 부조.

니다. 그래서 이론[83]으로 도피하여 거기서 존재하는 것들의 진리를 탐구해야겠다고 생각했습니다.

100a 어쩌면 제 비유가 적절하지 않을 수도 있습니다. 왜냐하면 존재하는 것들을 이론으로 탐구하는 사람이 구체적 사실 속에서 탐구하는 사람보다 더 모상模像 속에서 탐구한다고 여기지 않기 때문입니다. 여하튼 저는 다음과 같은 방식으로 탐구하기 시작했습니다. 즉, 각 경우에 가장 강력하다고 판단되는 이론을 가설로 전제하고, 원인에 대해서든 다른 모든 것에 대해서든 이 가설과 부합한다고 생각되는 것은 무엇이든 참이라고 간주합니다. 반면에 가설에 부합하지 않은 것은 참이 아니라고 여깁니다. 지금 당신이 이해하지 못하는 듯하니 좀 더 명확하게 말씀드리고 싶네요."

케베스가 말했습니다. "제우스께 맹세컨대, 잘 이해가 가지 않습니다."

100b 소크라테스가 말했습니다. "제가 말씀드리는 것은 새로운 게 아닙니다. 앞선 논의에서도 제가 끊임없이 말하던 것입니다. 제가 추구한 원인을 당신에게 보여드리겠습니다. 익숙한 주제로 되돌아가서 아름다움 자체, 좋음, 큼 그리고 이런 모

83 또는 진술, 논증, 판단logos.

든 것이 존재한다고 가정하면서 시작해보겠습니다. 당신이 제 말을 인정하고 이것들이 존재한다는 데 동의한다면, 이를 바탕으로 원인을 보여드리고 영혼이 불사함을 밝히겠습니다."

케베스가 말했습니다. "예, 제가 당신 말씀에 동의한다고 100c
생각해주세요. 지체 없이 결론에 도달하도록 말입니다."

소크라테스가 말했습니다. "다음 논점에 대해서 당신도 제 생각과 같은지 검토해보세요. 아름다움 자체 외에 다른 무언가가 아름답다면 그것은 다름 아니라 아름다움을 나누어 가지기 때문입니다. 저는 모든 것이 그렇다고 말합니다. 당신은 이것에 동의하십니까?"

"동의합니다."

소크라테스가 말했습니다. "저는 이것 외에 다른 지혜로운
원인을 알지 못하고 알 수도 없습니다. 가령 어떤 것이 아름 100d
다운 까닭은 그것이 생생한 색, 모양 또는 이와 같은 다른 무언가를 가졌기 때문이라고 누군가 주장한다고 가정해봅시다. 저는 그런 것들을 무시합니다. 이 모든 것이 저를 혼란스럽게 하니까요. 오히려 단순하고 우직하며 아마도 어수룩하게 다음 전제를 꽉 붙듭니다. 즉, '아름다움 그 자체가 함께하거나 어떤 식으로든 교제하지 않고서는 다른 어떤 것도 대상을

아름답게 하지 않는다.' 이를 단정적으로 주장하려는 것은 아니지만, 저는 아름다움으로 모든 아름다운 것이 아름다워진다고 말합니다. 이렇게 답변하는 게 제 자신이나 다른 사람에
100e 게 가장 안전하다고 생각하니까요. 또 이 원칙을 붙들면 절대로 넘어지지 않을 거라고 여깁니다. 즉, 아름다움 때문에 아름다운 것들이 아름답다는 게 저 자신은 물론 다른 누구에게도 안전한 답변이라는 것이지요. 당신도 그렇게 생각하지 않으십니까?"

"저도 그렇게 생각합니다."

"마찬가지로 큼 때문에 큰 것이 크고 더 큰 것이 더 크지요? 또 작음 때문에 더 작은 것이 더 작고요?"

"예."

"만약 누군가가 한 사람이 다른 사람보다 머리 때문에 더 크다고 말하거나 작은 사람이 동일한 것[84]으로 인해 작다고
101a 말한다면 당신은 이를 받아들이지 않을 겁니다. 오히려 당신은 '다른 것보다 더 큰 것은 무엇이든 다름 아닌 큼으로 인해 더 크고, 그것이 더 큰 까닭은 큼 때문이다.' '더 작은 것은 다름 아닌 작음 때문에 더 작고, 그것이 더 작은 까닭은 작음

84 즉, 머리.

때문이다.' 이외에는 달리 말하지 않겠다고 항변할 겁니다.
왜냐하면 머리 때문에 누군가가 더 크거나 더 작다고 말한다
면, 다음의 반박 논증에 직면하게 될까 두렵기 때문입니다.
첫째, 동일한 것으로 인해 더 큰 사람은 크고 더 작은 사람은
작다는 점. 둘째, 머리 자체는 작은데, 이로 인해 더 큰 사람 101b
이 더 크다는 점. 특히 이상한 것은 무언가 작은 것으로 인해
누군가 크다는 점입니다. 당신은 이런 결과를 우려하지 않으
십니까?"

케베스가 웃으면서 말했습니다. "예, 우려합니다."

소크라테스가 말했습니다. "그렇다면 당신은 10이 2로 말미암아 8보다 크고 같은 이유로[85] 더 많은 것이지, 큼 때문에 또 큼으로 인해 8보다 큰 건 아니라고 말하는 것을 두려워하시겠지요? 또 2큐빗이 1큐빗보다 절반 때문에 더 큰 것이지, 큼 때문이 아니라고 말하는 것도 두려워하시겠지요? 동일한 우려가 생겨날 테니까요."

케베스가 말했습니다. "물론입니다."

"이건 어떻습니까? 당신은 하나가 하나에 더해질 때 더함 101c
이 둘이 되는 원인이라고 말하거나, 하나가 둘로 나뉠 때 나

85 즉, 2 때문에.

눔이 [둘이 되는] 원인이라고 말하는 걸 주의하시겠지요? 오히려 당신은 각자의 고유한 본질[86]에 참여하는 것 말고는 각 대상이 생성되는 다른 까닭을 알지 못한다고 목소리 높여 말할 겁니다. 가령 둘임을 나누어 가지는 것 외에 둘이 되는 다른 원인을 모른다는 겁니다. 둘이 되려면 반드시 이것[87]을 나누어 가져야 하니까요. 또 하나가 되고자 하는 것은 무엇이든 하나임을 나누어 가져야 합니다. 당신은 나눔과 더함 그리고 그 밖의 세련된 것들은 당신보다 더 지혜로운 자들이 답하도록 남겨둘 겁니다.

101d 그리고 당신은 말하자면 자신의 그림자와 미숙함이 두려워서 안전한 가설을 붙들고 제가 말씀드린 것처럼 답할 겁니다. 하지만 누군가 가설 자체를 물고 늘어지면 당신은 그를 내버려두고 가설에서 나오는 것이 서로 부합하는지를 발견할 때까지 답하지 않을 겁니다. 가설 자체를 설명해야 할 경우에는 앞서와 동일한 방식으로 그렇게 하겠지요. 즉, 충분한 지점에 도달할 때까지는 먼저 상위 가설 중 최선이라고 생각되는 다른 가설을 제시합니다.

86 ousia(실체).

87 둘. 즉, 둘의 이데아.

하지만 적어도 존재하는 것 중 무언가를 발견하고자 한다면 논의를 한데 뒤섞지는 않으시겠지요? 논쟁가들처럼 출발점과 이로부터 도출되는 것을 동시에 논하면서 말입니다. 이들은 이 문제에 관해 진리를 찾아낼 생각도 없고 관심도 없으니까요. 이들은 자신의 지혜로 모든 것을 한데 뒤섞어놓고도 스스로 만족할 사람들이거든요. 반면 당신이 지혜를 사랑하는 사람이라면 제가 말하는 대로 행할 겁니다." 101e 102a

그러자 심미아스와 케베스가 동시에 말했습니다. "옳습니다."

에케크라테스 제우스께 맹세컨대, 오, 파이돈이여! 그렇습니다. 제가 보기에는 그분께서 지성을 조금밖에 가지지 않은 이에게조차 놀랍도록 명료하게 말씀하신 것 같습니다.

파이돈 물론입니다, 오, 에케크라테스여! 거기에 있던 모든 사람이 그렇게 생각했습니다.

에케크라테스 거기에 있지 않았지만 지금 듣고 있는 우리에게도 명확해 보입니다. 그다음에는 어떤 말이 오갔나요?

파이돈 제가 기억하기에, 그분의 논점이 받아들여지고, 각각의 형상이 존재하며 다른 대상들은 형상을 나누어 가짐으로써 그 형상의 이름을 따라 일컬어지게 된다는 데 동의가 이루어졌지요. 이때 그분께서 이렇게 질문하셨습니다. "이러한 논점에 102b

동의하신다면 심미아스가 소크라테스보다는 크지만 파이돈보다는 작다고 할 때, 당신은 큼과 작음이 심미아스 안에 있다고 말씀하시겠지요?"

"예, 그렇습니다."

소크라테스가 말했습니다. "하지만 당신은 '심미아스가 소크라테스보다 크다'가 진실에 부합하는 말로 이야기된 게 아
102c 니라는 점에 동의하십니까? 왜냐하면 아마도 심미아스는 본성상 심미아스이기에 더 크다기보다 그가 우연하게 가지고 있는 큼 때문에 크기 때문입니다. 또 그가 소크라테스보다 큰 건 소크라테스가 소크라테스이기 때문이 아니라, 소크라테스가 그[88]의 큼과 비교해서 작음을 가졌기 때문이지요?"

"맞습니다."

"그렇다면 그가 파이돈보다 작은 것은 파이돈이 파이돈이기 때문은 아닙니다. 파이돈이 심미아스의 작음과 비교해서 큼을 가졌기 때문인가요?"

"그렇습니다."

"그렇다면 심미아스는 작다고 일컬어지는 동시에 크다고
102d 도 일컬어집니다. 즉, 그는 양자의 중간에 위치하면서 한 사

88 심미아스.

람에 대해서는 그의 큼이 자신의 작음을 능가하도록 하고, 다른 사람에 대해서는 자신의 큼이 그의 작음을 능가하도록 합니다.[89]"

소크라테스는 이렇게 말하면서 웃었습니다. 그러고는 다시 말했습니다. "제가 법정 문서처럼 말하는 것 같습니다만, 여하튼 사실은 제가 말한 대로입니다."

케베스가 동의했습니다.

"제가 이렇게 말씀드리는 까닭은 당신도 제가 생각하는 것처럼 생각하길 원하기 때문입니다. 제가 보기에 큼 자체는 결코 큰 동시에 작으려고 하지 않으며, 우리 안의 큼도 결코 작음을 받아들이지 않고 능가하기를 원치도 않습니다. 그래서 102e
반대되는 것, 즉 작음이 자신에게 다가올 때 큼은 둘 중 하나가 됩니다. 물러나서 자리를 내주거나 아니면 반대되는 것이 다가올 때 소멸합니다.

작음을 견디고 수용해서 자신이 본래 그러했던 바와 다른 뭔가가 되려 하지 않는 것이지요. 이를테면 저는 작음을 수용하고 그 안에 머물 때도 여전히 저 자신이면서 작은 사람

89 즉, 파이돈의 큼이 심미아스 자신의 작음보다 더 크도록 하고, 심미아스 자신의 큼이 소크라테스의 작음보다 더 크도록 함.

입니다. 반면 큼은 큰 것이면서 작은 것이기를 용인하지 않습니다. 마찬가지로 우리 안의 작음도 결코 크게 되거나 큰 것이고자 하지 않습니다. 또 다른 어떤 대립자도 자기 자신이면서 동시에 자신과 반대되는 것이 되거나 반대되는 것이
103a 고자 하지 않습니다. 오히려 이런 일을 겪으면 떠나거나 소멸합니다."

케베스가 말했습니다. "저도 전적으로 그렇게 생각합니다."

그러자 곁에 있던 누군가—그 사람이 누구인지는 명확히 기억나지 않습니다—가 이렇게 말했습니다. "신들께 맹세컨대, 앞선 논의에서는 지금 이야기와 반대되는 이야기에 동의하지 않았습니까? 즉, 더 작은 것에서 더 큰 것이 생겨나고 더 큰 것에서 더 작은 것이 생겨나며, 반대되는 것들은 바로 이것, 즉 대립되는 것들에서 생겨난다고 말이에요. 그런데 지금은 그런 일이 도무지 생겨날 수 없다고 이야기하는 것 같습니다."

103b 소크라테스는 고개를 돌리고 그 말을 들었습니다. 그러고는 이렇게 말했습니다. "당신은 용감하게 상기시켜주셨지만 지금 논의하는 것과 그때 논의한 것의 차이를 깨닫지 못하고 있습니다. 아시다시피 앞에서는 반대되는 것이 반대되는 것으로부터 생겨난다고 말했지만, 지금은 반대됨 그 자체가 자

신과 반대되는 것이 될 수 없다고 이야기합니다. 우리 안에 있는 반대됨이든 본성에 있어서 반대됨이든 말입니다.

오, 친구여! 앞서 우리는 대립자를 갖는 것에 관해 이야기했습니다. 이들을 그 대립자의 이름으로 부르면서 말입니다. 반면 지금은 대립자 자체를 논하고 있습니다. 이들이 대상 안에 있음으로써 그 이름으로 명명되는 것이 이름을 얻도록 합니다. 우리는 대립자 자체는 서로 생성되는 일을 절대로 받아 103c
들이지 않는다고 말합니다."

소크라테스는 케베스를 쳐다보면서 말했습니다. "오, 케베스여! 이분의 말에 언짢은 게 있으신가요?"

케베스가 말했습니다. "아니요, 그렇지 않습니다. 물론 많은 것들이 저를 혼란스럽게 한다는 사실을 부인하지는 않겠습니다."

소크라테스가 말했습니다. "우리는 대립자가 결코 자기 자신과 반대되는 무엇은 되지 않을 것이라는 데 전적으로 동의했습니다."

케베스가 말했습니다. "물론입니다."

소크라테스가 말했습니다. "제가 말씀드리는 다음의 내용도 동의하시는지 살펴보세요. 당신은 무언가를 뜨거운 것이라고 부르고, 또 다른 것을 차가운 것이라고 하시나요?"

"예, 그렇습니다."

"그것을 '눈'과 '불'이라고 부르시나요?"

103d "제우스께 맹세컨대, 물론 아닙니다."

"오히려 당신은 뜨거운 것을 불과 다른 무언가로 부르고, 차가운 것을 눈과 다른 무언가로 부르시나요?"

"예."

"제 생각에 당신은 다음과 같이 여기실 겁니다. '우리가 앞서 논의한 대로라면 눈인 것은 결코 뜨거움을 받아들여서 여전히 과거에 그러했듯 눈이면서 뜨거운 것일 수 없다. 오히려 뜨거움이 다가오면 눈은 자리를 피하거나 소멸해버린다.'"

"물론입니다."

"또 차가움이 불에 접근하면 불은 물러나거나 소멸해버릴 것입니다. 불은 차가움을 받아들여서 여전히 과거에 그러했듯 불이면서 동시에 차가운 것이기를 용인하지 않을 겁니다."

103e "옳은 말씀입니다."

"그러면 이 경우에 상황은 다음과 같습니다. 즉, 형상 자체만 자기 이름에 합당한 자격을 영원히 가진다고 볼 수 없습니다. 형상은 아니지만 존재할 때 항상 그 형상의 모양을 가지는 다른 무언가가 존재한다는 겁니다. 아마도 다음 예시를 통해 제 말이 더 명확해질 겁니다. 가령 홀수는 항상 홀수라는 이름을 가져야 합니다. 그렇지 않나요?"

"물론 그렇습니다."

"제가 질문하고 싶은 것은 이겁니다. 이것이 홀수라고 일 104a
컬어지는 유일한 것인가요, 아니면 홀수 자체는 아니지만 그것이 존재할 때는 자기 이름과 함께 항상 홀수라고 일컬어질 수 있는 다른 무언가가 존재하나요? 왜냐하면 그런 수는 본성상 결코 홀수임을 박탈당하지 않기 때문입니다. 이를테면 3과 다른 많은 수의 경우를 말씀드리는 겁니다. 당신은 3이 항상 자신의 이름으로 일컬어지면서 동시에 홀수라는 이름으로도 일컬어진다고 생각하지 않으십니까? 홀수임은 3임과 동일하지 않은데도 말입니다. 하지만 3과 5 그리고 모든 수의
절반은 본성적으로 늘 홀수입니다. 비록 이것들이 홀수와 동 104b
일하지는 않지만 말입니다. 또 2와 4 그리고 모든 수의 나머지 절반은 항상 짝수입니다. 설령 이들이 짝수 자체는 아니지만 말입니다. 당신은 이에 동의하십니까?"

케베스가 말했습니다. "물론 동의합니다."

소크라테스가 말했습니다. "제가 보여드리려는 것을 면밀히 살펴보세요. 대립자만 서로를 받아들이지 않는 게 아닙니다. 서로 반대되지는 않더라도 항상 대립자를 가지고 있는 것이 존재하고, 이들 또한 그 안에 있는 형상과 반대되는 형상

을 받아들이지 않는 것처럼 보입니다. 이들은 반대되는 형상
104c 이 다가오면 소멸하거나 자리를 피합니다. 3은 3인 동시에 짝수가 되는 것을 감내하기 전에 소멸하거나 다른 무슨 일을 겪지 않나요?"

"물론입니다."

"더욱이 2는 3에 반대되는 게 아니지요?"

"결코 아닙니다."

"그러면 반대되는 형상들만 서로 가까이 다가오는 걸 견디지 못하는 게 아닙니다. 대립자가 가까이 다가오는 걸 견디지 못하는 다른 무언가가 또 있습니다."

"지당하신 말씀입니다."

"할 수만 있다면 그게 어떤 종류의 것인지 규정하길 원하십니까?"

"물론이지요."

104d "오, 케베스여! 이들은 자신이 점령하는 것으로 하여금 자신의 형상뿐만 아니라 무언가와 반대되는 것의 형상도 늘 갖게 하나요?"

"그게 무슨 말인가요?"

"조금 전에 이야기한 것과 같습니다. 아마도 당신은 3의 형상이 점유하는 것은 3인 동시에 홀수라는 것을 아실 테지요?"

"물론입니다."

"그러니까 이런 것에는 그 결과를 만들어내는 모양에 반대되는 형상이 결코 접근하지 않는다[90]는 겁니다."

"그럴 수 없습니다."

"그런 결과를 만드는 게 홀수의 형상인가요?"

"예."

"짝수의 형상은 이와 반대되는 것이지요?"

"예."

"그러면 짝수의 형상은 결코 3에 다가오지 않습니다." 104e

"그렇습니다."

"3은 짝수에 참여하지 않고요."

"예."

"그러면 3은 짝수 아닌 것입니다."

"예."

"제가 말씀드린 것과 관련해서, 우리는 무언가에 반대되는 것은 아니지만 대립자 자체를 받아들이지 않는 게 무엇인지 규정해야 합니다. 가령 방금 이야기한 3은 짝수의 반대가 아니지만 짝수를 받아들이지 않습니다. 왜냐하면 항상 짝수에

90 즉, 3에는 홀수의 형상과 반대되는 짝수의 형상이 접근하지 않는다.

반대되는 것을 가져오니까요. 마치 2가 홀수에 대해서 그러
105a 하고, 불이 차가움에 대해 그러하며, 다른 아주 많은 것들도 그런 것처럼 말입니다.

이제 다음과 같이 규정할지 살펴보세요. 대립자가 자신과 반대되는 것을 받아들이지 않는 게 아니라, 무엇에게로 가든 그것에 반대되는 것을 가지고 오는 그 자체 또한 그것이 가져오는 것과 반대되는 것을 받아들이지 않는지 말입니다. 다시 한번 상기해보세요. 여러 번 듣는다고 해서 나쁠 건 없으니까요. 5는 짝수의 형상을 받아들이지 않고, 그 두 배인 10도 홀수의 형상을 받아들이지 않습니다. 10 자체는 무언가와 반
105b 대되는 게 아니지만[91] 홀수의 형상을 받아들이지 않는 것이지요. 또 1과 2분의 1과 이런 것들, 즉 2분의 1은 정수의 형상을 받아들이지 않을 것이고, 3분의 1 역시 그럴 겁니다. 당신이 제 말을 잘 따라오고 이에 동의한다면 말입니다."

케베스가 말했습니다. "예, 전적으로 동의하고 따릅니다."

소크라테스가 말했습니다. "그러면 처음부터 다시 말씀해 주세요. 그리고 제가 질문하는 바를 그대로 답하지 마시고 저

91 파울러Fowler의 텍스트를 따랐다. 버넷Burnet과 로위Rowe의 텍스트는 'ouk'을 생략했는데, 이에 따르면 "이것 자체는 어떤 것의 반대이지만"이 된다.

를 흉내 내서 답해주세요. 이렇게 말씀드리는 까닭은 처음에 말씀드렸던 안전한 답변 말고 지금 논의하는 것에서 또 다른 안전한 답변이 보이기 때문입니다. 만약 당신이 몸속에 뭔가
가 생겨날 때 몸을 뜨겁게 하느냐고 묻는다면, 저는 안전하고 105c
무지한 답변, 즉 뜨거움이라고 답하는 대신 지금 논의되는 것을 바탕으로 더 세련된 원인, 즉 불 때문이라고 답할 겁니다. 또 몸속에 뭔가가 생겨날 때 병에 걸리느냐고 묻는다면, 저는 병 때문이라고 답하는 대신 열 때문이라고 답하겠습니다. 수에 무엇이 들어 있어서 홀수가 되느냐는 질문에 대해서도 홀수임이라고 답하는 대신 하나임이라고 답하겠습니다. 그 밖의 다른 것들에 대해서도 마찬가지입니다. 제 이야기를 충분히 이해했나요?"

"아주 잘 이해했습니다."

"그러면 대답해주세요. 몸속에 무엇이 들어 있어 몸이 살아 있나요?"

"영혼입니다."

"항상 그런가요?" 105d

"물론이지요."

"그러면 영혼이 무언가를 점유할 때 항상 그것에 생명을 가져다주나요?"

"예, 그렇습니다."

"생명에 반대되는 게 있나요, 없나요?"

"있습니다."

"무엇인가요?"

"죽음입니다."

"그러면 앞선 논의에서 동의했듯이, 영혼은 자신이 항상 가져오는 것[92]과 반대되는 것을 결코 받아들이지 않을까요?"

케베스가 말했습니다. "당연하지요."

"그럼 이건 어떤가요? 짝수의 형상을 받아들이지 않는 것을 우리가 조금 전에 뭐라고 불렀나요?"

"짝수 아님입니다."

"정의로움을 받아들이지 않는 건 무엇이고, 음악적인 것을 받아들이지 않는 건 무엇인가요?"

105e "뒤엣것은 음악적이지 않음이고 앞엣것은 불의입니다."

"죽음을 받아들이지 않는 걸 뭐라고 부르나요?"

"불사입니다."

"영혼은 죽음을 받아들이지 않지요, 그렇지 않나요?"

"그렇습니다."

92 즉, 생명.

"그럼 영혼은 불사합니다."

"예, 그렇습니다."

소크라테스가 말했습니다. "그렇다면 영혼이 죽지 않는다는 것이 증명되었다고 말할 수 있을까요? 어떻게 생각하십니까?"

"예, 충분히 증명되었습니다. 오, 소크라테스여!"

"오, 케베스여! 이건 어떤가요? 짝수 아님이 필연적으로 소
멸 불가하다면 3도 분명 소멸 불가하겠지요, 그렇지 않나요?" 106a

"물론입니다."

"또 뜨겁지 않음이 필연적으로 소멸 불가하다면, 누군가 뜨거운 것을 눈에 가져가더라도 눈은 온전하고 녹지 않은 채 물러나겠지요? 왜냐하면 눈은 소멸하지 않을 것이고, 그대로 남아서 뜨거움을 받아들이지도 않을 테니까요."

"지당하신 말씀입니다."

"이렇게 보면 차갑지 않음이 소멸 불가하다면, 뭔가 차가운 것이 불에 다가올 때 불은 꺼지거나 소멸하지 않고 온전한 채 떠나갈 겁니다."

"당연합니다."

"그렇다면 불사함에 대해서도 같은 방식으로 말해야 하지 106b
않을까요? 즉, 불사하는 것이 소멸 불가하다면 죽음이 다가

올 때 영혼이 소멸하는 것 또한 불가합니다. 왜냐하면 앞서 논의한 대로 3이 짝수일 수 없고 홀수가 짝수일 수 없듯이 영혼은 죽음을 받아들이거나 죽게 되지 않을 것이고, 불 안의 뜨거움이 차가워질 수 없는 것처럼 불이 차갑게 될 수도 없기 때문입니다. 누군가는 이렇게 말할 겁니다. '이미 동의한 대로
106c 짝수가 다가온다고 해서 홀수가 짝수가 되지는 않더라도 홀수가 소멸하고 그 대신에 짝수가 생겨날 수는 있지 않겠습니까?' 이렇게 말하는 사람에게 우리는 홀수가 소멸하지 않는다고 항변할 수 없습니다. 짝수 아닌 것이 소멸 불가한 건 아니기 때문입니다. 우리가 이 점[93]에 동의했다면, 짝수가 다가올 때 홀수와 3이 떠나버린다고 쉽게 주장할 수 있었을 겁니다. 또 우리는 불과 뜨거움 그리고 다른 것들에 대해서도 이와 유사하게 주장할 수 있었을 겁니다. 그렇지 않나요?"

"물론 그렇습니다."

"그러니까 우리가 지금 이야기하는 불사, 그것이 소멸 불가
106d 하다는 데 동의한다면 영혼은 불사를 넘어 소멸 불가합니다. 그렇지 않다면 또 다른 논의가 필요합니다."

케베스가 말했습니다. "적어도 이에 관해서는 더 이상의

93 짝수 아닌 것이 소멸 불가하다는 것.

논의가 필요하지 않습니다. 만약 불사하는 것이 영속적인데도 소멸을 받아들인다면 소멸을 받아들이지 않을 게 거의 없을 테니까요."

소크라테스가 말했습니다. "제가 생각하기에는 적어도 신과 생명의 형상 자체, 그리고 다른 불사하는 것들이 결코 소멸하지 않으리라는 데 모두가 동의할 겁니다."

"제우스께 맹세컨대, 분명 모든 사람이 동의할 겁니다. 그리고 제 생각에는 신들도 이에 동의할 겁니다."

"불사하는 것은 소멸 불가하므로 영혼이 진정으로 불사한 106e
다면 이 또한 소멸 불가하겠지요?"

"필연적으로 그렇습니다."

"죽음이 엄습할 때 사람의 사멸하는 부분은 죽는 것처럼 보입니다만, 불사하는 부분은 온전하고 파괴되지 않은 채 죽음으로부터 후퇴합니다."

"그렇다고 생각됩니다."

"그러면 오, 케베스여! 의심의 여지 없이 영혼은 불사하고
소멸 불가하니 우리 영혼은 진실로 저세상으로 갈 것입니다." 107a

"저로서는 오, 소크라테스여! 더 이상 반대할 것이 없고, 이 논증을 의심할 수도 없습니다. 하지만 심미아스나 다른 누군가가 하실 말씀이 있다면 침묵하지 않는 게 좋겠습니다. 이

주제에 관해 말하거나 듣고 싶다면 지금 말고는 기회가 없을 테니까요."

심미아스가 말했습니다. "물론 논의된 것을 놓고 보면 저도 의심할 이유가 없습니다. 하지만 논의되는 주제가 중대하
107b 고 저는 인간의 연약함을 하찮게 여기는 만큼 논의된 것들에 여전히 일말의 의심을 가질 수밖에 없습니다."

소크라테스가 말했습니다. "옳은 말씀입니다, 오, 심미아스여! 뿐만 아니라 최초의 전제가 여러분에게 그럴듯하게 보이더라도 더 명확히 검토해보아야 합니다. 그리고 여러분이 최초의 전제를 충분히 검토한다면 사람이 가닿을 수 있는 데까지 논의를 따라가게 될 겁니다. 그래서 명확한 결론에 도달하면 더 이상 아무것도 구하지 않게 되겠지요."

심미아스가 말했습니다. "옳은 말씀입니다."

영혼이 불사한다면
우리가 삶이라고 부르는
시간을 위해서뿐만 아니라
모든 시간을 위해서라도
영혼을 돌보아야 합니다

107c 소크라테스가 말했습니다. "하지만 오, 사람들이여! 다음을 염두에 두는 게 옳습니다. 영혼이 불사한다면 우리가 삶이라고 부르는 시간을 위해서뿐만 아니라 모든 시간을 위해서라도 영혼을 돌보아야 합니다. 그리고 영혼을 소홀히 하는 위험은 실로 무시무시할 겁니다. 왜냐하면 죽음이 모든 것으로부터 분리되는 일이라면, 악한 자들에게 죽음은 하늘이 준 선물, 즉 죽어서 육체로부터 분리되는 동시에 영혼과 함께 행한 자신의 악에서 면제되는 것일 테니까요.

107d 하지만 이제 영혼이 불사하는 것이 분명하므로 최대한 훌륭하고 현명해져야겠지요. 그것 말고는 악을 피할 수단과 구제책이 달리 없습니다. 영혼은 교육과 양육 말고는 다른 어떤 것도 가지지 않은 채 저세상에 가게 되니까요. 교육과 양육은 저세상으로의 여정이 시작되는 순간 죽은 자를 가장 이롭게 하거나 가장 해롭게 한다고 합니다.

다음과 같은 이야기가 있습니다. 사람이 최후를 맞이하면
살아생전에 할당된 수호령[94]이 그를 어떤 곳으로 데려간다고
107e 합니다. 그러고는 각자 심판을 받은 후에 이승 사람들을 저승

94 daimōn. 《국가》 617e에 따르면, 각 사람이 생전에 어떤 삶을 택했느냐에 따라 이에 맞는 수호령이 결정된다.

으로 데려가도록 지정된 인도자와 함께 저세상으로 갑니다.
거기서 겪어야 할 일을 겪고 필요한 시간 동안 머무른 다음
에 또 다른 인도자가 그들을 이승으로 다시 데려옵니다.

이 여정은 아이스퀼로스의 텔레포스[95]가 말하는 것과 같
지 않습니다. 그는 이 여정이 저세상으로 인도하는 단순한 108a
길이라고 말합니다. 하지만 이 길은 단순하지도 않고 하나의
길도 아닌 듯합니다. 길이 하나뿐이라면 어딘가에서 길을 잃
을 사람도 없을 것이므로 인도자가 필요하지 않을 테니까요.
실제로는 많은 갈림길과 분기점이 있다고 생각됩니다. 이승
에서의 희생 제사나 의식들을 증거로 말씀드리는 겁니다.[96]

질서 있고 현명한 영혼은 인도자를 따라가면서 주변 상황
을 이해합니다. 하지만 육체를 갈망하는 영혼은, 앞서 말씀드
린 것처럼,[97] 오랜 시간 육체와 가시적 영역 주변에서 동요하 108b
면서 저항하고 많은 일을 겪은 후에야 지정된 수호령에게 강
제로 이끌려 떠납니다. 그리고 다른 영혼들이 있는 곳에 도착
하면, 불의한 살인에 가담하거나 이와 같은 종류의 행위 또
는 그런 영혼에 걸맞은 일을 행함으로써 불경하고 잘못을 저

95 현존하지 않는 아이스퀼로스의 비극에 등장하는 인물.
96 길이 갈라지는 곳에서 저세상의 여신 헤카테를 섬기는 의식이 행해졌다고 한다.
97 81c-d.

지른 영혼은 다른 모든 영혼이 기피하고 등 돌릴 것이며 동
108c 행이나 인도자가 되려 하지 않을 것입니다. 그러면 이 영혼은 완전히 혼란에 빠져서 홀로 방황합니다. 일정한 시간이 흘러서 필연에 따라 자신에게 적합한 거처로 인도될 때까지 말입니다. 반면 정화되고 절도 있게 살아온 영혼은 신이 동행이자 인도자가 되어주며, 자신에게 적합한 곳에서 살게 됩니다.

대지[98]에는 많은 놀라운 곳들이 존재하는데, 대지 자체는 그것을 이야기했던 사람들의 생각과는 그 특성이나 크기가 다르다고 합니다. 저의 귀를 솔깃하게 한 누군가의 이야기에 따르면 말입니다."

108d 이 말에 심미아스가 답했습니다. "그게 무슨 말씀이십니까? 오, 소크라테스여! 아시다시피 저도 대지에 관해 많은 이야기를 들었지만, 당신의 귀를 솔깃하게 한 이야기는 들은 적이 없습니다. 그 이야기를 기꺼이 듣고 싶습니다."

"오, 심미아스여! 그게 뭔지 설명하는 데는 글라우코스[99]의 기술까지 필요하지는 않습니다. 하지만 이것이 참임을 증명

98 또는 지구.

99 글라우코스는 다음 셋 중 하나로 추측된다. 악기를 고안한 사람, 용접을 발명한 키오스 출신 사람(헤로도토스, 《역사》 1.25), 놀라운 예언술을 가졌으나 바다에서 실종되어 바다의 신이 된 사람(《국가》 611c-d 참고)이다.

하는 일은 글라우코스의 기술로도 어려워 보입니다. 아마도 저 자신이 할 수도 없을뿐더러, 설령 제가 그런 지식을 가지고 있더라도 저에게 주어진 삶의 시간이 그것을 논의하기에 충분하지 않습니다. 하지만 그렇다고 해도 대지의 모습과 그 108e
지역들에 관해 이야기하지 못할 건 없습니다."

심미아스가 말했습니다. "그것으로도 충분합니다."

소크라테스가 말했습니다. "먼저 대지가 둥글고 천구의 중
앙에 있다면, 대지가 떨어지는 것을 막도록 공기나 다른 어 109a
떤 것이 필요하지 않으며, 천구가 사방으로 균질적이고 대지가 평형상태를 이루고 있어서 제자리에 머무르게 하는 데 충분하다고 합니다. 왜냐하면 균질적인 것 중앙에서 평형상태를 이루는 대상은 어느 방향으로든 더 혹은 덜 기울고 그 상태를 유지하려고 할 것이기 때문입니다. 이것이 제가 첫 번째로 믿는 것입니다."

심미아스가 말했습니다. "옳습니다."

소크라테스가 말했습니다. "다음은 대지가 아주 거대한데,
우리는 파시스 강부터 헤라클레스의 기둥[100]에 이르는 대지 109b
의 협소한 부분에 거주한다는 겁니다. 마치 연못 주변에 사

100 지브롤터 해협 어귀 양쪽의 바위산을 가리킨다.

헤라클레스의 기둥
지금의 지브롤터 해협 어귀 양쪽의 바위산을 가리킨다. 고대 지중해 사람들은 이곳을 '세상의 끝'으로 여겼다.

는 개미나 개구리처럼 우리는 바다 주위에 사는 것이지요. 다른 많은 사람들도 이런 지역에 삽니다. 대지 위에는 곳곳에 온갖 모양과 크기를 가진 많은 우묵한 곳이 있어서 그곳으로 물과 안개와 공기가 함께 흘러들어갑니다. 하지만 대지 자체[101]는 순수하며, 순수한 천구 안에 위치합니다. 바로 여
기에 별들이 존재합니다. 이런 것들에 관심을 가지는 많은 109c
이들은 이를 아이테르[102]라고 부릅니다. 물과 안개와 공기는 아이테르의 침전물이며, 항상 대지의 우묵한 곳으로 함께 흘러들어갑니다.

우리는 대지의 우묵한 곳에 살면서도 이를 깨닫지 못하고 대지 위에 산다고 생각합니다. 마치 어떤 사람이 바다 밑바닥에 살면서 바다 위에 산다고 생각하는 것처럼 말입니다. 이 사람은 물을 통해 태양과 별들을 바라보면서 바다를 하늘
이라고 여깁니다. 또 자신의 우둔함과 연약함 때문에 한 번도 109d
해수면에 도달해본 적도 없고, 바다 위로 떠올라 고개를 들고 우리가 사는 지역을 본 적도 없습니다. 이곳이 자기 종족이 사는 곳보다 얼마나 더 순수하고 아름다운지 본 적도 없고,

101 우리가 살고 있는 곳(땅 위의 우묵한 곳)이 아니라 진짜 땅을 말한다.

102 호메로스에 따르면, 아이테르는 신들과 별들이 거하는 곳이다.

이곳을 본 사람에게서 들은 적도 없습니다.

우리도 이와 같은 처지에 놓여 있습니다. 대지의 어떤 우묵한 곳에 살면서 대지 표면에 산다고 생각하는 것이지요. 공기를 천구라고 부르면서 별들이 천구 위에서 운행한다고 여
109e 깁니다. 하지만 진실은 동일합니다. 우리는 연약하고 우둔하여 공기의 끝을 넘어 나아갈 수 없습니다. 만일 누군가가 공기의 꼭대기에 이르거나 날개가 달려서 날아오른다면, 그는 고개를 들고 바라볼 겁니다. 마치 물고기가 바다 밖으로 고개를 들어 이곳의 대상들을 바라보듯, 그는 거기[103] 있는 것들을 바라보겠지요.

또 그의 본성이 이런 광경을 감내할 만큼 강하다면, 그는 그것이 참된 천구이고 참된 빛이며 참된 대지임을 인식할 겁
110a 니다. 우리가 사는 이 세상의 땅과 돌 그리고 모든 지역은 부패하고 부식되었기 때문입니다. 마치 바닷속에 있는 것들이 소금물에 그렇게 된 것처럼 말이지요. 바닷속에는 언급할 만한 가치가 있는 게 아무것도 자라지 않고, 말하자면 아무것도 온전하지 않습니다. 동굴과 모래, 흙이 있는 곳은 진창과 진

103 우리가 살고 있는 세계(우묵한 곳) 위에 존재하는 진짜 땅(땅 자체, 위쪽 세계)을 말한다.

흙으로 뒤덮여 우리 세상의 아름다운 것들과는 어떤 식으로든 비교할 만한 게 못 됩니다.

그러나 위쪽 세계의 것들은 우리 주변의 것들을 훨씬 능가할 겁니다. 만약 그럴듯한 이야기를 해도 좋다면 오, 심미아 110b
스여! 천구 아래 대지에 존재하는 것들이 어떠한지 듣는 일은 가치가 있습니다."

심미아스가 말했습니다. "그렇습니다, 오, 소크라테스여! 우리는 그 이야기를 기꺼이 듣겠습니다."

소크라테스가 말했습니다. "오, 친구여! 먼저 위에서 내려다보면 대지는 열두 개의 가죽 조각으로 된 공처럼 보인다고 합니다.[104] 색이 알록달록 다채로운데, 그 색들이 어떤지는 우리 세상의 화가들이 사용하는 색들을 보면 알 수 있답니다.
그곳의 대지는 그런 색들로 이루어져 있고, 그 색들은 이곳의 110c
색들보다 훨씬 밝고 순수하답니다. 그중 일부는 놀랍도록 아름다운 자주색이고 다른 부분은 금색입니다. 또 흰색 부분은 분필이나 눈보다 더 흽니다. 이처럼 [진짜] 대지는 여러 색으로 이루어져 있습니다. 우리가 이곳에서 보는 모든 색보다 훨

104 《티마이오스》 55c에서 데미우르고스(조물주)는 세계를 구성하면서 각 면이 정오각형인 정십이면체를 이용한다.

씬 더 다양하고 아름다운 색 말입니다.

한편, 이 대지의 우묵한 곳들도 물과 아이테르로 가득 차
110d 있는데, 여러 색들의 다채로움 속에서 반짝이면서 어떤 색의 모습을 띱니다. 그 결과 하나의 연속적이고 알록달록한 색을 가진 대지의 모습으로 보이는 것이지요.

이런 대지 위에서는 나무와 꽃과 열매도 더 아름답게 자랍니다. 산과 돌도 더 부드럽고 투명하며 색깔도 곱습니다. 우리 세상에서 값비싼 보석들, 즉 사르디아의 돌과 벽옥, 에메랄드 그리고 이와 같은 모든 것이 이 돌들의 파편이라고
110e 합니다. 하지만 그곳의 돌은 모두 그렇고, 이곳의 돌보다 훨씬 아름답습니다. 그곳의 돌이 순수하고, 이곳의 돌처럼 부식되거나 파괴되지 않았기 때문입니다.

우리가 사는 곳의 돌은 함께 흘러들어온 침전물 때문에 썩고 소금에 절여져 돌과 흙뿐 아니라 동식물에도 추함과 질병을 가져오지요. 하지만 진짜 대지는 앞서 말한 모든 것
111a 으로 장식되어 있을 뿐 아니라, 금과 은 그리고 다른 귀금속으로 장식되어 있습니다. 이것들은 수도 많고 거대하며 온 대지에 뒤덮여 있어 쉽게 드러나기 때문에, 진짜 대지를 바라보는 사람을 행복하게 합니다.

그곳 대지 표면에는 사람을 포함해서 다른 많은 동물들도

있는데, 어떤 동물은 내륙에 살고 다른 동물은 공중에 삽니다. 마치 우리가 바다 주위에 사는 것처럼 말입니다. 한편, 또 다른 동물들은 본토 가까이에 위치한, 공기로 둘러싸인 섬에 삽니다.

한마디로 말하자면 물과 바다가 우리에게 제공하는 유익
을 거기서는 공기가 제공합니다. 이것이 우리에게는 공기이 111b
지만 그들에게는 아이테르입니다. 그리고 기후는 그곳 사람
들이 질병 없이 이곳 사람들보다 훨씬 오래 살고, 시각과 청
각 그리고 현명함을 비롯한 모든 능력에서도 우리를 능가하
도록 조화를 이루고 있습니다. 순수함에서 공기가 물을, 아이
테르가 공기를 능가하는 것처럼 말입니다.

무엇보다 그들에게는 신들을 위한 숲과 성소가 있는데, 거
기에 실제로 신들이 거주합니다. 그곳에서 천상으로부터의
소리와 예언 등을 통해 신들과 직접 교제합니다. 그뿐만 아니 111c
라 태양과 달 그리고 별들을 실제 모습 그대로 관측할 수 있
으며, 그 밖의 다른 행복 또한 이에 못지않습니다.

대지 전체와 대지를 둘러싼 것들의 본성은 이와 같습니다. 하지만 그 안에는 우묵한 곳을 빙 둘러싸고 많은 지역이 있습니다. 그중 어떤 곳은 우리가 사는 지역보다 더 깊고 넓게 펴져 있지만, 다른 곳은 우리 지역보다 더 깊지만 입구가 더

111d 좁습니다. 또 이곳보다 깊이는 얕지만 더 넓은 곳도 있습니다. 이 모든 지역은 지하에서 좁고 넓은 물길을 따라 모든 방향으로 서로 연결되어 있고, 수로가 있어서 많은 물이 크라테르[105]로 흘러들듯 이쪽에서 저쪽으로 흘러듭니다. 또 대지 아래에는 뜨거운 물과 차가운 물이 항상 흐르는 헤아릴 수 없이 큰 강들이 있고, 큰 불과 거대한 불의 강 그리고 많은 진흙의 강이 있습니다. 어떤 강은 더 맑고 다른 강은 더 탁하지만
111e 말입니다. 마치 시켈리아[106]에 용암에 앞서 흐르는 진흙의 강이 있고 용암 자체가 있듯 말입니다.

이런 것들이 매시간 순환하며 흘러드는데 그때마다 각 지역은 이런 것들로 가득합니다. 이 모든 것은 위아래로 움직입니다. 마치 대지 속에서 일종의 진동이 생겨나는 것처럼 말입니다. 이 진동의 성격은 본성상 다음과 같습니다. 대지
112a 에 있는 틈 중 하나는 특히 크며 대지 전체를 관통합니다. 호메로스가 다음과 같이 묘사한 것처럼 말입니다.

저 멀리, 대지 아래 있는 가장 깊은 심연으로…….[107]

105 포도주와 술을 한데 섞는 항아리.
106 이탈리아의 시칠리아 섬.
107 《일리아스》 8.14.

다른 구절에서 호메로스와 다른 많은 시인들은 이곳을 타르타로스라고 불렀습니다.[108] 모든 강은 이 틈으로 함께 흘러들었다가 다시 흘러나옵니다. 그리고 강들은 흘러 지나가는 대지의 본성에 따라 자기 성질을 획득합니다. 모든 물줄기가 112b
여기에서 흘러나왔다가 여기로 흘러드는 까닭은 이 물이 바닥도 없고 토대도 없기 때문입니다. 그래서 물은 위아래로 요동하고 파도치면서 밀려듭니다. 그 주변의 공기와 바람도 마찬가지입니다. 공기와 바람이 땅 저쪽으로 밀려가거나 우리 쪽으로 밀려들 때, 물의 흐름을 따르기 때문입니다. 마치 동물이 호흡할 때 끊임없이 숨이 흘러들어가고 흘러나오는 것처럼, 기류가 물과 함께 요동하면서 드나들 때, 저항할 수 없는 무시무시한 광풍을 일으키는 겁니다.

그리고 물이 아래 지역이라고 일컬어지는 곳으로 후퇴할 112c
때, 물은 대지를 관통해서 흘러 마치 펌프질하는 것처럼 그곳을 가득 채웁니다. 또 그 물이 다시 그곳을 떠나 여기로 밀려들어 이곳의 강들을 다시 채웁니다. 이렇게 가득 찬 물줄기는 수로를 따라 대지를 관통해서 다양한 지점—그곳으로 각각의 길이 나 있는—으로 흐르는데, 거기서 바다와 호수, 강과

108 《일리아스》 8.481.

샘을 이룹니다. 그리고 거기서 물의 흐름은 다시 대지 밑으로
112d 가라앉는데, 그중 일부는 더 넓고 많은 지역으로 흘러들고,
다른 물줄기는 더 적고 협소한 지역으로 흘러들어 다시 타르
타로스로 쏟아집니다.

어떤 경우에는 펌프질되었던 곳보다 훨씬 아래로 흘러가
고 다른 경우에는 약간 낮은 곳으로 흘러갑니다. 하지만 모든
물줄기는 흘러나온 곳보다 아래로 흘러가며, 어떤 물줄기는
흘러나온 곳 반대편으로 흐르고 다른 물줄기는 동일한 곳으
로 흘러갑니다. 완전히 원 모양으로 휘돌아 흘러가는 물줄기
도 있습니다. 이 물줄기는 대지 주위를 한 번 혹은 여러 번 뱀
처럼 휘돌아 흐른 후에 아래로 떨어졌다가 다시 돌아옵니다.
112e 물줄기는 어느 쪽이든 가운데까지 내려갈 수는 있지만 그 이
상은 불가능합니다. 양쪽 물줄기의 반대쪽 부분은 가파른 오
르막이기 때문입니다.

그 밖에 다른 큰 물줄기들도 많은데, 그중 네 개의 강이 특별합니다. 가장 긴 강은 맨 바깥쪽으로 원을 그리며 흐르는 오케아노스입니다. 그 맞은편에서 반대 방향으로 흐르는 강이 아케론[109]입니다. 이 강은 황량한 지역들을 관통해서 흐르

109 《오뒷세이아》 10.513 이하를 보면 아케론은 오케아노스 건너편 저승의 강으로

저승의 뱃사공 카론과 저승의 강을 건너는 사람들

왼쪽은 프랑스의 화가 귀스타브 도레Gustave Doré가 1880년에 그린 저승의 뱃사공 카론의 모습이고, 오른쪽은 1857년에 그린 카론이 주저하는 죄인들의 영혼을 때리면서 자신의 배에 태우는 모습이다.

113a 는데, 특히 아케루시아 호수에 이르기까지 지하로 흐릅니다. 대부분의 죽은 영혼이 이곳에 이르러 정해진 기간—어떤 영혼은 더 오래, 다른 영혼은 더 짧게—동안 머무르다가 다시 다른 동물로 태어나기 위해 보내집니다.

세 번째 강은 앞선 두 강 사이에서 발원합니다. 강은 출구 가까이에서 엄청난 불길에 휩싸인 넓은 지역으로 흘러들어 가서 우리 세상의 바다보다 더 큰, 진흙과 물이 부글부글 끓
113b 는 호수를 이룹니다. 이 진흙물이 원을 그리면서 흘러나와 대지 속을 굽이치며 흐르다가 다양한 곳, 그중에서도 아케루시아 호수 가장자리에 이릅니다. 물론 그 물과 섞이지는 않습니다. 대지 속을 여러 번 굽이쳐 흐른 물은 타르타로스의 낮은 곳으로 하강합니다. 이것이 퓌리플레게톤이라고 일컬어지는 강입니다. 이곳에 흐르는 용암이 대지 표면과 만나면 파편을 분출합니다.

네 번째 강은 세 번째 강의 반대편에서 발원하는데, 처음에는 말하자면 무시무시한 야생 지역으로 흘러갑니다. 이곳
113c 은 온통 어두운 남색으로 뒤덮여 있다고 합니다. 이곳을 사람들은 스튀기오스라고 부르며, 그 강이 흘러서 이룬 호수를 스

묘사되어 있다.

퓍스라고 합니다. 이곳으로 흘러들어 무시무시한 힘을 얻은 물은 대지 밑으로 스며들어 원을 그리며 퓌리플레게톤 반대 방향으로 휘돌아서 반대편에서 아케루시아 호수를 만납니다. 이 강물 역시 아무것과도 섞이지 않고 굽이쳐 흘러서 퓌리플레게톤 반대편에서 타르타로스로 하강합니다. 시인들이 말하길, 이 강의 이름은 코퀴토스라고 합니다. 강들의 특성은 위 113d
와 같습니다.

한편, 망자들이 각자의 수호령이 인도하는 곳에 도착하면 이들은 먼저 심판대에 섭니다. 훌륭하고 경건하게 살았던 사람은 물론 그렇지 않았던 사람도 마찬가지입니다. 중간 정도의 삶[110]을 살았다고 생각되는 사람은 아케론으로 향하고 그곳에서 자신을 위해 준비된 배를 타고 호수로 들어갑니다. 그리고 거기에 머물게 되는데, 만약 불의를 저질렀다면 자신의 잘못에 대해 죗값을 치름으로써 정화되고 사면받습니다. 또 113e
선행에 따라 자기 몫의 보상을 받습니다.

반면 중대한 신성모독 행위를 많이 저지른 사람이나 불의하고 불법적인 살인을 많이 저지른 사람 또는 이런 종류의 잘못을 행한 사람은 모두 죄의 중함 때문에 치유될 수 없다

110 훌륭한 삶도 아니고 악한 삶도 아닌 삶.

고 여겨집니다. 그래서 자신에게 합당한 운명에 따라 타르타
로스로 떨어져 거기서 나오지 못합니다. 또 중대하지만 치유
할 수 있는 죄를 저질렀다고 생각되는 사람들, 가령 분노해서
114a 아버지나 어머니에게 난폭한 행위를 하고서 이를 후회하면
서 산 사람 혹은 이와 유사한 상황에서 살인한 사람은 타르
타로스에 떨어졌다가 1년이 지나면 파도가 이들을 쓸어갑니
다. 그래서 살인한 사람은 코퀴토스를 따라 흘려보내고, 아버
지를 살해하거나 어머니를 때린 사람은 퓌리플레게톤을 따
라 흘려보냅니다.

이들이 아케루시아 호수까지 이르면 큰 소리로 외치고 부
릅니다. 어떤 이는 자신이 살해한 이를 부르고, 다른 이는 자
114b 신이 폭행한 이를 부르는 것이지요. 그런 다음 자신을 호수
안으로 들어가게 해달라고, 자신을 받아들여달라고 간청합니
다. 만약 설득에 성공하면 밖으로 나와서 고통에 종지부를 찍
지만, 그렇지 못하면 다시 타르타로스로 보내지고 거기서 다
시 강들로 보내집니다. 자신이 해친 사람을 설득할 때까지 이
일을 반복합니다. 왜냐하면 이것은 배심원들이 그들에게 부
과한 벌이기 때문입니다.

반대로 남달리 경건한 삶을 살았다고 생각되는 사람은 마
치 감옥에서 풀려난 것처럼 땅속의 이런 곳들에서 풀려나 자

유로워집니다. 그리고 위쪽의 순수한 거처에서 살게 됩니다. 114c
이들 중 지혜를 사랑함으로써 자신을 충분히 정화한 이들은 나중에 완전히 육체 없이 살게 되고, 땅 위에 거주하는 이들보다 더 아름다운 거처에 갑니다.

이곳을 설명하기는 쉽지 않고 이제 시간도 충분하지 않습니다. 여하튼 오, 심미아스여! 위에서 이야기한 것들을 위해서, 우리는 삶 속에서 덕과 현명함을 얻기 위해 할 수 있는 한 모든 일을 행해야 합니다. 그 보상은 훌륭하고 희망은 크니까요.

이런 것들이 제가 설명한 그대로라고 주장하는 것은 지 114d
각 있는 사람에게는 걸맞지 않습니다. 하지만 영혼이 불사하는 것은 분명해 보이므로, 우리 영혼과 그 거처가 위와 같다고 생각하는 것은 그러하다고 믿는 사람에게 적절하고 모험을 감수할 만한 가치가 있다고 생각합니다. 그런 모험은 고귀하니까요. 그러니까 우리는 이런 것을 마치 주문처럼 되풀이해서 외워야 합니다. 바로 그래서 아까부터 이 이야기를 길게 끌어온 겁니다.

여하튼 위와 같은 이유로 사는 동안 육체의 쾌락과 육체 114e
적 장식을 자신에게 이질적인 것으로 여기고 작별을 고한 사람은 자기 영혼에 확신을 가져야 합니다. 왜냐하면 그는 이런 것들[111]이 유익보다 해악을 더 많이 가져온다고 믿어서, 배움의 쾌락을 열정적으로 구하고 자기 영혼을 이질적인 장식물이 아니라 영혼 자신의 장식, 즉 절제, 정의, 용기, 자유 그리
115a 고 진리로 치장했으니까요. 그래서 그는 운명이 부르면 언제라도 떠나려는 사람처럼 하데스로의 여정을 기다립니다.

오, 심미아스와 케베스 그리고 다른 사람들이여! 언젠가는 여러분도 각자 [저세상을 향한] 여정에 오를 것입니다. 하지만 지금 저는 비극의 등장인물이 말하듯이 이미 운명의 부름을 받았습니다. 이제 목욕하러 갈 시간입니다. 독배를 마시기 전에 목욕을 해서, 여인들에게 시체 씻기는 수고를 끼치지 않는 편이 더 나을 테니까요."

115b 소크라테스가 이렇게 말하자 크리톤이 답했습니다. "알겠네, 오, 소크라테스여! 자네 자식들이나 다른 무언가에 관해서 이 사람들과 나한테 마지막으로 일러줄 것은 없는가? 우리가 자네를 가장 기쁘게 해줄 일 말이네."

소크라테스가 말했습니다. "특별히 새로운 건 없네. 내가 늘 말해왔듯 해주게, 오, 크리톤이여! 그러니까 자네들 자신을 돌보면서, 무슨 일이든 나와 나의 가족에게 그리고 자네들

111 육체의 쾌락과 육체적 장식들.

자신에게 호의를 가지고 행하도록 하게. 비록 지금은 거기에
동의하지 못하더라도 말이네. 만약 자네들이 자신을 돌보지
않고 방금 그리고 앞서 이야기한 바의 발자취를 따라 살려고
하지 않는다면, 지금 아무리 많은 것을 철석같이 약속하더라
도 아무 유익이 없을 것이네." 115c

크리톤이 말했습니다. "자네가 말한 대로 하도록 노력하겠
네. 그런데 자네를 어떻게 매장하면 되겠나?"

소크라테스가 말했습니다. "원하는 대로 하게. 만약 자네
가 나를 붙잡아서 자네로부터 달아나지 못하게 할 수 있다면
말이네." 그러고는 평안하게 웃으면서 우리 쪽을 바라보며 이
렇게 말했습니다. "오, 사람들이여! 저는 제가 소크라테스, 즉
지금 각각의 논의 사항을 하나씩 정돈해서 대화하는 사람이
라는 것을 크리톤에게 설득시키지 못하고 있습니다. 크리톤 115d
은 저를 잠시 후 목도하게 될 죽은 자라고 여깁니다. 그러니
까 저를 어떻게 매장할지 묻는 것이지요. 제가 오랜 시간 길
게 이야기한 게, 즉 제가 약을 마시고 나면 더 이상 여러분과
함께 머무르지 않고 저 멀리 복된 자들의 행복한 세상으로
떠날 것임을 말하는 게, 그가 보기엔 여러분과 저 자신을 동
시에 위로하려는 부질없는 짓에 불과한 듯합니다.

그러니까 여러분은 저를 위해 크리톤에게 제 보증을 서주

세요. 그가 배심원들 앞에서 했던 보증과 반대되는 보증 말입니다. 그는 제가 여기 남을 것이라고 보증했지만, 여러분은 제가 죽으면 여기 남지 않고 떠나버릴 것이라고 보증해주세요. 크리톤이 견디기 쉽도록 말입니다. 그러니까 그가 제 몸이 화장되거나 매장되는 것을 지켜보면서, 마치 끔찍한 일이 저한테 생긴 양 낙담하지 않도록, 혹여 장례식 때 그가 소크라테스를 눕혀놓았다느니 무덤으로 운구한다느니 매장한다느니 말하는 일이 없도록 말입니다."

115e

소크라테스가 계속 말했습니다. "오, 가장 탁월한 자, 크리톤이여! 잘 알아두게. 올바르게 말하지 않는 것은 그 자체로 조화롭지 않을뿐더러 사람들의 영혼에 악영향을 끼친다는 걸 말일세. 오히려 자네는 확신을 가지고서 내 육신을 묻고 있다고 말해야 할걸세. 그러니 자네 보기에 좋을 대로, 또 관습에 가장 부합한다고 생각되는 대로 매장하게."

116a

이렇게 말한 후 소크라테스는 일어나서 목욕하러 방으로 들어갔습니다. 크리톤은 우리에게 기다리라고 하고는 그를 따라갔습니다. 우리는 기다리면서 지금까지 논의한 내용에 관해 대화를 나누다가 우리에게 얼마나 큰 불행이 닥쳤는지를 토로했습니다. 마치 아버지를 여의고 평생 고아로 살아야 하는 것처럼 느껴졌으니까요.

소크라테스가 목욕을 마치자 아이들이 그에게로 인도되었고 집안 여인들이 왔습니다. 그에게는 어린 두 아들과 장성한 아들 한 명이 있었습니다. 소크라테스는 크리톤 앞에서 이들과 대화하면서 자신이 바라는 것을 지시했습니다. 그다음에 여인들과 아이들에게 떠나라고 명하고는 우리 곁으로 돌아왔습니다. 어느덧 해 질 녘이 가까워졌습니다. 그가 실내에서 오랜 시간을 보냈으니까요. 그는 말끔하게 목욕한 후 돌아와서 앉았고, 그 후에 짤막한 대화가 이어졌습니다. 그때 11인 관리책임자의 하인이 그의 앞에 와서 말했습니다. 116b

"오, 소크라테스여! 저는 다른 이들을 비난하듯 당신을 비난하지 않겠습니다. 제가 책임자들이 시키는 대로 사형수들에게 약을 마시라고 하면 그들은 저에게 화를 내면서 저주를 퍼붓거든요. 반면 저는 당신께서 이곳에 온 그 누구보다 고결하고 온화하며 훌륭한 분임을 이 기간 동안[112] 깨닫게 되었습니다. 특히 지금 저는 당신께서 저에게 화내지 않는다는 것을 잘 압니다. 당신은 누구를 탓해야 하는지 알고 계시고, 그들에게 분노하실 테니까요. 지금 제가 무슨 소식을 전하러 왔는 116c

112 소크라테스가 감옥에 수감되었던 30일간을 말한다.

116d 지 아시겠지요. 작별 인사를 드립니다. 불가피한 일을 최대한 편한 마음으로 견디도록 하세요." 이렇게 말하고 그는 눈물을 흘리며 돌아서서 가버렸습니다.

소크라테스가 그런 그를 보고 말했습니다. "당신께도 작별 인사를 드립니다. 말씀대로 이행하겠습니다." 그러고는 우리에게 이렇게 말했습니다. "참으로 예의 바른 분입니다. 제가 여기서 지내는 동안 저분은 저를 찾아오곤 했습니다. 어떤 때는 대화도 나누었지요. 저분은 저의 가장 좋은 동료였습니다. 그리고 지금은 저를 위해 진심으로 눈물을 흘리다니 정말 고결한 분입니다. 그러니까 저분의 지시에 따릅시다. 오, 크리톤이여! 약이 제조되었다면 가져오라고 하게. 아직 준비되지 않았다면 제조하라고 하고."

116e 크리톤이 말했습니다. "하지만 오, 소크라테스여! 해가 산등성이에 걸려 있고 아직 지지 않았네. 더욱이 다른 사람들은 사형 집행 명령이 전달되고 나서 아주 잘 먹고 마신 후에야 독배를 들이켠다네. 사랑하는 사람과 잠자리를 한 후에 독배를 마시는 사람도 있다네. 그러니까 서두르지 말게. 아직 충분히 시간이 있네."

그러자 소크라테스가 말했습니다. "알겠네, 오, 크리톤이여! 자네가 언급한 사람들은 충분히 그럴 만한 이유가 있을

걸세. 그들은 그렇게 함으로써 뭔가 얻는 게 있다고 생각하겠지. 하지만 나 역시 충분히 그럴 만한 이유가 있어 그들처럼 하지 않을 생각이네. 약을 좀 늦게 마시는 게 아무런 유익이 117a
없다고 생각하니 말일세. 오히려 그렇게 하면 사는 일에 매달림으로써 스스로 웃음거리가 되는 데 불과하고, 아무것도 남은 게 없는데 인색하게 아끼는 것과 마찬가지라네." 소크라테스가 계속 말했습니다. "그러니까 자, 달리 행하지 말고 내가 말하는 대로 하게."

이 말을 듣고 크리톤은 가까이 서 있던 노예 소년에게 고갯짓을 했습니다. 노예 소년은 밖으로 나가더니 한참 후에 독약 관리자를 데리고 돌아왔습니다. 그는 제조한 약을 잔에 담아 가지고 왔습니다. 소크라테스가 그를 보고 이렇게 말했습니다. "좋습니다, 가장 훌륭한 자여! 당신께서는 이 분야의 전문가이신데, 이제 제가 뭘 해야 하나요?"

그가 답했습니다. "별다른 게 없습니다. 이걸 마시고 다리
에 묵직함이 느껴질 때까지 돌아다니세요. 그리고 누우세요. 117b
그러면 약효가 작용할 겁니다." 이렇게 말하면서 그는 소크라테스에게 잔을 건넸습니다. 오, 에케크라테스여! 소크라테스는 두려워하지도 않고 안색이나 표정이 변하지도 않은 채 흔쾌히 잔을 받아 들었습니다. 그분은 평상시 그러하듯 황소처

럼 눈을 크게 뜨고 그 사람[113]을 쳐다보면서 말했습니다. "신을 위해 이 잔의 일부를 헌주해도 될까요?"

그가 말했습니다. "오, 소크라테스여! 우리는 마시는 데 적당하다고 판단되는 정도만을 제조합니다."

117c 소크라테스가 말했습니다. "알겠습니다. 하지만 적어도 신들께 기도할 수 있고 또 그렇게 해야겠지요. 이승에서 저승으로의 여정에 행운이 깃들도록 말입니다. 이것이 저의 기도이고, 제 기도가 이루어지길 바랍니다."

소크라테스는 말을 마치자마자 잔을 입에 대고는 침착하고 편안하게 비웠습니다. 이때까지 우리 중 대다수는 눈물을 잘 참고 있었습니다만, 그가 약을 마시고, 그리고 다 마신 모습을 보자 더 이상 참을 수가 없었습니다. 저도 모르게 눈물이 왈칵 쏟아졌습니다. 그래서 저는 얼굴을 감싸고 통곡했습니다. 물론 그를 위해서가 아니라 저 자신의 불운 때
117d 문에 울었습니다. 이토록 훌륭한 동료를 잃게 되었으니까요. 크리톤도 눈물을 참지 못하고 저보다 먼저 일어나서 나가버렸습니다. 전부터 계속 눈물을 흘리던 아폴로도로스는 이제 폭풍처럼 오열하면서 탄식했습니다. 결국 그는 그 자

113 독약 관리자.

리에 있던 모든 사람을 울게 만들었습니다. 소크라테스 자신만 빼고요.

소크라테스가 말했습니다. "오, 놀랄 만한[114] 자들이여! 지
금 무슨 짓을 하시나요? 제가 여인들을 내보낸 건 바로 이럴
까 봐서입니다. 이런 불협화음을 내지 않도록 말입니다. 제가 117e
듣기로는 경건한 침묵 속에서 죄후를 맞이해야 한다고 하더
군요. 그러니 이제 자중해주세요."

이 말을 듣고 우리는 부끄러워서 눈물을 그쳤습니다. 소크
라테스는 주위를 이리저리 거닐다가 다리가 무겁다고 말하
면서 등을 대고 누웠습니다. 독약 관리자가 일러준 대로 말입
니다. 그러자 독약 관리자가 얼마 동안 소크라테스의 발과 다
리를 살폈습니다. 그리고 그의 발을 세게 누르면서 느낌이 오
느냐고 물었습니다. 소크라테스는 느낌이 없다고 답했습니 118a
다. 그는 다시 소크라테스의 정강이를 세게 눌렀습니다. 이렇
게 점점 위로 올라가면서 그는 소크라테스가 차갑게 뻣뻣해
지고 있음을 우리에게 보여주었습니다. 그는 다시 소크라테
스를 만지면서 경직이 심장까지 이르면 사망하게 된다고 말
했습니다. 어느덧 소크라테스의 복부 주변까지 차갑게 경직

114 여기서 '놀랍다thaumasios'는 '이상하다', '당혹스럽다'는 뜻이다.

되었습니다. 그러자 소크라테스는 얼굴을 덮고 있던 것을 벗기며 마지막 말을 남겼습니다. "오, 크리톤이여! 우리는 아스클레피오스[115]에게 수탉 한 마리를 빚졌네. 그 빚을 갚아주게. 잊으면 안 되네."

크리톤이 말했습니다. "알겠네. 그렇게 하겠네. 그 밖에 다른 할 말이 있나 생각해보게."

이 물음에 소크라테스는 더 이상 아무 답변도 하지 않았습니다. 잠시 후 그가 몸을 떨자 사형 집행인이 그를 덮었던 것을 벗겼습니다. 소크라테스의 동공은 고정되어 있었습니다. 크리톤이 이를 보고 소크라테스의 입을 닫아주고 눈을 감겨주었습니다.

오, 에케크라테스여! 이것이 우리 동료의 최후였습니다. 우리는 이렇게 말할 수 있을 겁니다. 그분은 우리가 겪어본 우리 시대 사람들 중 가장 탁월한 사람이었을 뿐 아니라 가장 현명하고 정의로운 사람이었다고 말입니다.

115 당시 사람들은 질병의 치유에 감사하기 위해 의술의 신 아스클레피오스에게 닭을 봉헌물로 바쳤다. 소크라테스는 마치 자신이 약을 먹고 육체적 질병에서 치유된 것처럼 아스클레피오스에게 감사의 선물을 바치고자 했다.

의술의 신 아스클레피오스

아스클레피오스(그림 가운데)가 그리스 코스 섬에 가서 히포크라테스(그림 왼쪽)와 시민(그림 오른쪽)의 환영을 받고 있다. 2~3세기경 모자이크.

1
주요 배경

《파이돈》은 '국가의 신을 믿지 않고 젊은이들을 타락시킨다'라는 죄명으로 유죄 선고를 받은 소크라테스가 사형당하기 직전에 동료들과 나눈 대화를 담고 있다. 소크라테스는 기원전 399년에 사형당했고, 이때 플라톤은 20대였다. 이 대화편이 언제 저술되었는지는 분명하지 않지만, 현대의 연구자들은 대체로 《파이돈》을 플라톤의 중기 대화편에 속하는 것으로 간주한다.

《파이돈》의 공간적 배경은 펠로폰네소스반도의 플레이우스 지역이다. 에케크라테스는 파이돈에게 소크라테스가 독배를 마시고 죽을 때 무슨 말이 오갔고 어떤 일이 있었는지 묻는다. 파이돈은 소크라테스의 임종을 지킨 후 고향 엘리스로 돌아가는 길이다. 파이돈은 에케크라테스에게 소크라테스의 마지막 언행과 이를 지켜보던 동료들의 심경을 상세히 묘사해준다.

대화편의 첫 단어 'autos'는 '-자신'이라는 의미도 있지만 '그분'이라는 의미도 있는데, 이는 퓌타고라스 학파 제자들이 퓌타고라스의 가르침을 "그분께서 말씀하시길……"이라고 했던 것을 연상시킨다. 특히 육체가 영혼의 감옥이라는 가르침과 영혼의 윤회설은 퓌타고라스 철학의 대표적 주장이었으며, 영혼이 일종의 조화라는 견해는 퓌타고라스 학파의 음계 이론을 연상시킨다. 더구나 영혼의 정화도 퓌타고라스 철학의 대표적 주제인데, 이 대화편에서 지혜를 사랑하는 자(즉, 철학자)는 영혼이 정화된 자로 일컬어진다. 즉, 소크라테스가 생각하기에 진정한 애지자(철학자)는 자신을 모든 육체적 욕망으로부터 정화시켜 참된 존재(가령 이데아)와 함께하고자 하는 자다.

2
플라톤의 '영혼' 개념

《파이돈》에서 '영혼psychē'은 신체 안에 거하면서 생명을 부여한다고 기술되는데, 고대 그리스 문헌에서 psychē는 본래 자아의 그림자 같은 것으로 표현된다. 호메로스의 서사시와 후대의 시가에 따르면, 사람이 사망할 때 그의 영혼은 저세상(하데스)으로 가며, 생전의 모습을 유지하지만 기운이 없고 슬픈 모습을 띤다.

영혼에 관한 이러한 통속적 믿음을 의식하면서, 소크라테스는 영혼이 육체로부터 분리되더라도 소멸하지 않으며 본래의 힘과 지능을 유지함을 증명하고자 한다. 소크라테스에 따르면, 영혼은 육체에서 이탈할 경우에 순수하게 이성적으로 될 수 있다. 반대로 영혼이 육체 안에 들어오면 필연적으로 육체의 활동에 이끌리게 된다. 《파이돈》은 어떻게 영혼이 육체의 굴레에서 벗어나 본연의 목표를 성취할 수 있는지 설명하는 데 초점을 맞춘다.

3
주요 내용

소크라테스의 사형 집행은 연기되고 있었다. 아테나이 사람들은 영웅 테세우스가 크레타의 반인반수 미노타우로스로부터 14인의 남녀를 구한 일을 기념해 매년 델로스에 사절을 파견하면서 그 기간 중 사형 집행을 금했던 것이다. 《파이돈》은 소크라테스를 철학적 테세우스로 묘사한다. 소크라테스는 저승 세계로 여행을 떠나면서 동료들(14인의 이름이 기술된다)을 구한 영웅이었다.

하지만 동료들은 소크라테스의 임박한 죽음을 슬퍼하는 동시에 죽음을 앞둔 소크라테스의 평온함에 놀란다. 소크라테스는 자기 평온함의 비결이 영혼 불멸을 믿기 때문이라고 밝힌다. 그는 지혜를 사랑함(철학)을 통해 이 믿음을 얻었고 죽음을 두려워하지 않을 수 있게 되었다.

소크라테스는 죽음의 공포를 이길 수 있는 비결을 '영혼의 정화' 또는 '죽음의 연습'이라고 부른다. 이에 따르면 진정한 철학자는 육체와 그 유혹에 대해 죽은 자이며, 철학이란 곧 죽음의 연습이다. 또한 육체는 영혼을 가두는 일종의 감옥이므로, 참된 철학자는 육체에서 해방되어 참된 존재를 관조하려 한다.

소크라테스는 하루하루의 삶을 마치 마지막 날처럼 사는 법을 배웠다. 그는 죽음을 두려워하기는커녕 오히려 저승에서 신들과 좋은 동료들을 만날 것을 기대하기 때문에, 생의 마지막 순간에도 평상시와 마찬가지로 동료들과 대화하면서 진리를 탐구한다.

하지만 케베스는 우리 생명이 신들의 선물이므로 스스로 해쳐서는 안 된다는 소크라테스의 생각에 의문을 제기한다. 만약 생명이 선물이라면 어떻게 소크라테스는 살아 있는 동안 철학이라는 이름으로 죽음을 연습하는가? 생명이 소중한 선물이라는 믿음과 육체에서 해방되려는(다시 말해 생명을 버리려는) 바람 사이에는 모순이 존재하지 않는가?

이에 대해 소크라테스는 지혜를 사랑하는 자가 어떻게 죽음에 맞서서 용기를 가질 수 있는지 설명한다(62e-69d). 지혜를 사랑하는 일에 평생 헌신한 사람은 죽음에 직면해서 기뻐해야 하며, 생이 끝났을 때 내세에서 최대의 축복을 얻을 것이라고 확신해야 한다는 것이다. 소크라테스는 영혼이 불사함을 입증하기 위한 논증들을 제시한다.

대립자 순환으로부터의 논증(69e-72b)

대립자는 자신과 반대되는 것에서 생겨난다(가령 작은 것이 커진다).

대립자 사이에는 두 가지 생성(가령 성장과 감소)이 성립한다.

생명의 반대는 죽음이다.

따라서 생명과 죽음 사이에는 두 가지 생성이 존재한다(즉, 양자는 서로에게서 생겨난다).

이에 따르면 산 자는 죽은 자로부터 생겨난다.

결국 죽은 자의 영혼이 어딘가 존재했으며, 우리 영혼은 출생 전에 어딘가 존재했다.

상기론을 통한 증명(72b-78b)

배움은 상기(이미 알고 있던 내용을 기억해내는 것)다.

우리는 상기하는 바(가령 같음의 이데아)를 출생 전에 배웠다.

따라서 우리 영혼은 인간의 몸에 들어오기 전에 어딘가 존재했고 이데아를 인식했다.

영혼과 형상의 유사성(78b-84b)

소크라테스는 불변하는 지성적 대상과 변화하고 부패할 수 있는 감각적 대상을 구분한다. 이에 따르면 몸은 감각적 대상과 닮았고 가깝지만, 영혼은 지성적 대상과 가깝다. 따라서 영혼은 불변하는 것과 닮았다.

영혼은 몸 안에 거할 때 몸과 관계하면서 육체적 본성에 오염되지만, 육체로부터 분리되어 불사하고 불변하는 영원의 영역으로 갈 수도 있다. 영혼의 이러한 상태를 우리는 지혜라고 부른다.

지혜를 사랑하는 자의 영혼은 죽음 후에 자기 본성에 맞는 곳에 도달하며 거기서 인간의 악을 완전히 제거할 것이다. 따라서 지혜를 사랑하는 자의 영혼은 육체에서 분리되더라도 바람에 흩어져 사라지지 않을까 두려워할 필요가 없다.

심미아스와 케베스의 반박(84c-88b)

먼저 심미아스는 영혼이 일종의 조화라는 비유에 대해 반박을 제시한다. 뤼라가 파괴될 때 화음도 사라지듯 육체가 사멸할 때 영혼도 파괴될 것이다. 왜냐하면 영혼이란 육체적 원리의 결합에 불과하기 때문이다.

그러자 케베스도 반박에 동참한다. 설령 영혼이 육체보다 더 강하고 오래 버틸 수 있어서 여러 번의 죽음 후에도 살아남더라도 언젠가는 소멸할 수도 있다. 마치 직조공이 옷보다 더 오래 살고 여러 벌의 옷을 해지게 만들더라도 언젠가 죽는 것처럼, 여러 번의 윤회를 거친 영혼도 마지막 육체보다 먼저 사멸할 수 있다.

로고스 혐오에 대한 경고(88c-91b)

심미아스와 케베스의 반론에 답하기에 앞서 우선 소크라테스는 로고스 혐오를 경계한다. 가령 어떤 사람이 누군가를 신뢰했다가 배신당하면 모든 사람을 미워하고 불신하게 되듯, 논증을 순진하게 믿다가 어떤 논증도 완전하지 않음을 깨닫게 되면 논증을 혐오하게 된다. 즉, 사람들은 자신의 무능을 비난하는 대신 설명하고 논증을 제시하기를 기피하게 되는 것이다. 소크라테스에 따르면, 죽음에 대한 공포와 로고스 혐오는 둘 다 우리가 싸워 이겨야 할 마음속의 미노타우로스이지만, 로고스 혐오가 죽음에 대한 공포보다 더 위험하다.

심미아스의 반박에 대한 소크라테스의 답변(91b-94e)

심미아스는 영혼이 조화라는 견해가 영혼 불사와 어떻게 조화를 이룰 수 있는지 묻는다. 하지만 소크라테스는 영혼 조화설을 세 가지 이유로 거부한다.

- 만약 영혼이 육체의 조화라면 육체보다 먼저 존재할 수 없고, 따라서 생전에 존재할 수도 없다. 하지만 상기론은 영혼의 선재를 전제한다.
- 만약 영혼이 육체의 조화에 불과하다면 육체를 통제할 수 없고 육체의 움직임에 따라야 한다. 하지만 영혼은 행위를 의도할 수 있고 육체를 제어할 수 있다.
- 조화는 정도의 차이를 허용한다. 영혼이 육체의 조화라면 한 영혼이 다른 영혼보다 더 영혼이거나 덜 영혼일 수 있다. 하지만 이것은 불가능하다.

케베스의 반박에 대한 소크라테스의 답변: 원인으로서 이데아를 통한 증명(94e-107b)

케베스는 이렇게 질문한다. 영혼이 육체에서 분리되어 존재할 수 있고 육체보다 더 오래 산다고 하더라도 소멸 불가능하다는 보장이 있는가? 이에 대한 답변으로 소크라테스는 이데아론에 호소한다.

- 아름다운 것을 아름답게 하는 것은 화려한 색이나 모양 등이 아니라 아름다움의 이데아에 참여함이다.
- 3은 짝수와 반대되는 것이 아니지만 홀수에 참여함으로써

짝수와 반대된다.

- 몸 안에 있음으로써 몸을 뜨겁게 하는 것은 열기가 아니라 불이다.
- 몸 안에 있음으로써 몸을 살아 있게 하는 것은 생명이 아니라 영혼이다. 영혼이 몸 안에 있을 때 생명을 가져다준다. 또 생명의 반대는 죽음이다. 따라서 영혼은 자신에게 동반하는 생명에 반대되는 것, 즉 죽음을 허용하지 않는다. 그런데 죽음을 허용하지 않는 것은 불사하므로 마치 3이 짝수일 수 없듯 영혼은 죽지 않는다.

참된 세상의 모습(107c-115a)

마지막 증명을 마친 후 소크라테스는 선한 영혼과 악한 영혼이 내세에서 어떻게 사는지 기술한다. 소크라테스에 따르면, 세상은 3층, 즉 진짜 지구(상부 세계)와 우리가 살고 있는 곳 그리고 우리 밑의 또 다른 세상(지하 세계)으로 구성된다. 우리는 최선의 세상과 최악의 세상 사이의 중간 세계에 살고 있으며, 현재 우리가 어떻게 사느냐에 따라 사후에 어떤 세상에서 살게 될지가 정해진다는 것이다. 진짜 세상(상부 세계)에는 혼란과 폭력이 존재하지 않고, 그곳에 거주하는 이들은 신들과 교제하며 행복하게 살아간다. 한편 지하 세계에는 폭력과 혼란이 난무한다.

소크라테스의 최후(115a-118)

죽은 자를 깨끗이 씻겨서 장사 지내는 일은 고대 그리스에서 중요한 종교의식이었다. 호메로스 시대 이래로 장례를 잘 지내주는 행위는 저세상으로 가는 안전한 여행과 연관된다고 여겨졌다. 그래서 소크라테스는 자신이 죽은 후 여인들이 시체를 씻는 수고를 덜어주기 위해서 스스로 목욕하러 가겠노라고 말한다. 이때 크리톤이 소크라테스에게 어떻게 매장되기를 원하는지 묻자 소크라테스는 동료들에게 몸이 아닌 영혼을 돌보라고 당부한다.

독배를 든 소크라테스는 독배의 일부를 신께 헌주로 바칠 것을 제안한다. 이때 그는 독약을 'pharmakon'이라고 부르는데, 이 단어는 '독약'을 뜻하기도 하지만 '(치료) 약'이라는 의미로 사용되기도 한다. 즉, 사람들이 생각하기에 소크라테스는 독약을 마신 것이지만, 소크라테스가 보기에 자신은 그 영혼을 육체적 욕망으로부터 정화시킬 치료제를 복용한 것이다. 이 때문에 소크라테스가 독배를 마실 때 파이돈을 비롯한 모든 동료는 눈물을 흘리지만 소크라테스는 이들을 꾸짖는다. 그리고 약기운이 몸에 퍼지자 소크라테스는 크리톤에게 마지막 유언을 남긴다. "우리는 아스클레피오스에게 수탉 한 마리를 빚졌네. 그 빚을 갚아주게."

수탉과 관련해서 어떤 해석자들은 소크라테스가 의술의 신 아스클레피오스에게 삶의 질병으로부터 해방되는 감사의 선물을 바치는 것으로 해석한다. 또 수탉은 이집트 신 아누비스(죽은 자의 영혼을 저승 세계로 인도하는 안내자로 그리스 신 헤르메스에 해당한다)에게 바치는 희생물이었다. 그렇다면 신에게 수탉을 바치는 일은 영혼이 신들의 세계에 가게 되어 감사하는 것일 수도 있다.

한편, 《파이돈》 초반부에서 소크라테스는 자신을 예언자로 소개하는데, 고대 사회에서 죽기 직전에 예언하는 일은 다른 사람의 죽음에 대한 예언으로 이해되었다. 따라서 소크라테스가 자신의 영혼이 바야흐로 육체에서 해방되는 것을 감사하는 동시에 그의 동료들도 언젠가 그렇게 될 거라고 예언하는 것일지도! 그렇다면 동료들이 신에게 감사 선물을 바치는 것은 어쩌면 당연한 일일 것이다.

역자 후기

"오, 에케크라테스여! 저는 종종 소크라테스에게 경탄하곤 했습니다. 하지만 그때보다 더 그분을 존경한 적은 없습니다. 그분에게 답할 말씀이 있었다는 것은 전혀 이상하지 않았습니다만, 그분이 기꺼이 친절하고 정중하게 청년들의 논증에 응한 것이 실로 놀라웠습니다. 그분은 청년들의 논증이 우리에게 끼친 영향을 예리하게 파악했고, 우리가 논쟁에 패배해서 줄행랑치고 있을 때 우리를 치유하고 회복시켜주었습니다. 그러고는 우리를 격려해서 자신 곁에 따르도록 하고 더불어 논증을 검토하게 했습니다."(88e-89a)

《파이돈》은 '-자신autos'이라는 단어로 시작한다. 에케크라테스는 파이돈에게 소크라테스가 사망할 때 그 자신도 함께 있었는지 묻고 있는 것이다. 이 물음은 도대체 '-자신' '-자체'라고 할 수 있는 것이 무엇인가 하는 주제로 발전한다. 이에 대해 소크라테스는 사람의 정체성을 규정해주는 요소는 영혼이며, 사물의 정체성을 규정해주는 요소는 이데아라고 답변한다.

한편, 파이돈이 해방된 노예였다는 사실은 우리 또한 자신을 얽매는 육체의 굴레에서 해방된 자인가 하는 질문을 던진다. 영혼을 돌보라는 소크라테스의 권면이 오늘날 독자들에게 지나치게 고리타분한 이야기로 들릴 수도 있다. 하지만 죽는 순간까지 어떤 삶이 좋은 삶이고 어떻게 생을 마감하는 것이 바람직한지 몸소 보여준 소크라테스의 열정은 지금 우리에게 웰빙은 물론이고 웰다잉에 관해서도 다시 생각해보게 한다.

소크라테스는 죽는 순간까지 동료들과 치열하게 토론했고, 설령 대화 상대자가 자신과 반대되는 주장을 하더라도 불쾌하게 여기는 대신 기꺼이 친절하고 정중하게 응대했다. 이 책을 통해 독자 여러분이 소크라테스의 로고스 정신과 관용의 마음을 배우길 기대한다.

참 고 문 헌

이 책을 번역하면서 사용한 원전은 다음과 같다.

John Burnet, *Platonis opera*, Vol.1, Oxford: Clarendon Press, 1967.

이 책을 번역하는 데 참고한 주석서, 해설서, 번역서 및 이차 문헌은 다음과 같다.

플라톤, 《파이돈》, 전헌상 옮김, 아카넷, 2020.

Eva Brann, Peter Kalkavage, Eric Salem, *Plato's Phaedo,* Newburyport, MA: Focus, 1998.

John Burnet, *Plato's Phaedo*, Oxford: Clarendon Press, 1911.

Harold North Fowler, *Plato: Euthyphro, Apology, Crito, Phaedo*, Cambridge, Massachusetts: Harvard University Press, 2005.

David Gallop, *Plato: Phaedo*, Oxford: Clarendon Press, 2002.

C. J. Rowe, *Plato: Phaedo*, Cambridge University Press, 1993.

David Sedley & Alex Long (eds.), *Meno and Phaedo,* Cambridge University Press, 2010.

David Ebrey, *Plato's Phaedo: Forms, Death, and the Philosophical Life*, Cambridge University Press, 2023.

플라톤의 대화편
파이돈
Φαίδων

펴낸날 초판 인쇄 2024년 7월 15일
초판 발행 2024년 7월 25일

지은이 플라톤
옮긴이 오유석
펴낸이 정은영
편 집 한미경
디자인 마인드윙표지, 최은숙본문
마케팅 정원식

펴낸곳 마리북스
출판등록 제2019-000292호
주소 (04037) 서울특별시 마포구 양화로 59 화승리버스텔 503호
전화 02-336-0729, 0730
팩스 070-7610-2870
홈페이지 www.maribooks.com
이메일 mari@maribooks.com

ISBN 979-11-93270-28-8 (04160)
979-11-89943-92-9 세트